博雅国际汉语高级选修课教材
北京大学立项教材

中国当代小说选读

刘晓南 编著

北京大学出版社
PEKING UNIVERSITY PRESS

图书在版编目(CIP)数据

中国当代小说选读 / 刘晓南编著. —北京：北京大学出版社，2020.5
博雅国际汉语高级选修课教材
ISBN 978-7-301-31251-3

Ⅰ.①中⋯ Ⅱ.①刘⋯ Ⅲ.①汉语—对外汉语教学—语言读物 Ⅳ.①H195.5

中国版本图书馆CIP数据核字(2020)第018041号

书　　　名	中国当代小说选读 ZHONGGUO DANGDAI XIAOSHUO XUANDU
著作责任者	刘晓南　编著
责任编辑	邓晓霞　张金锐
标准书号	ISBN 978-7-301-31251-3
出版发行	北京大学出版社
地　　　址	北京市海淀区成府路205号　100871
网　　　址	http://www.pup.cn　新浪微博：@北京大学出版社
电子信箱	zpup@pup.cn
电　　　话	邮购部 010-62752015　发行部 010-62750672　编辑部 010-62753334
印　刷　者	北京虎彩文化传播有限公司
经　销　者	新华书店
	787毫米×1092毫米　16开本　17.75印张　395千字 2020年5月第1版　2021年5月第2次印刷
定　　　价	58.00元

未经许可，不得以任何方式复制或抄袭本书之部分或全部内容。
版权所有，侵权必究
举报电话：010-62752024　电子信箱：fd@pup.pku.edu.cn
图书如有印装质量问题，请与出版部联系，电话：010-62756370

编写说明

本书编写的目的

本书是为中高级汉语水平的留学生编写的文学阅读教材，以帮助他们提高汉语阅读水平。希望通过本书，学生可以在以下方面获得一定的提升：

1. 扩大词汇量，培养汉语语感；
2. 培养快速阅读和凭借上下文猜词的能力；
3. 更全面地了解当代中国社会与中国人的生活；
4. 从侧面了解中国历史和文化；
5. 进一步提高阅读和写作能力；
6. 理解文学艺术的民族性与世界性的关系；
7. 了解当代中国文学的发展和现状；
8. 为更深入的汉学研究打下基础。

本书的特点

本书所选取的课文均是原作，未作改编。编者精选了1949年以后具有代表性的中短篇中文小说佳作，使学生直接接触原著的真实语言。之所以选取当代文学，一是由于此时期文学最能反映当代中国人的生活和思想，有助于留学生了解当代中国；二是由于现代汉语在当代文学中发育得更为成熟，符合学生的语言学习需要；三是当代小说中鲜活、时尚的表达更能满足语言学习者的生活需要。编者希望学生通过对本书的学习，培养阅读中文的兴趣，不仅限于课堂阅读，在课程结束后，也能主动通过阅读中文作品保持其中文水平。

在选文时，以情节性、趣味性为首要标准，要求引人入胜，强调内容的可读性。其次，选择语言地道、规范的小说，语言风格避免过于方言化和个性化。第三，注重选文的思想性和艺术性。小说所揭示的话题既要是中国的，又应是世界的，经得起讨论和深思。作为中国当代文学优秀作品的代表，较高的艺术性使它们经得起时间的淘洗，也更能获得来自全世界中文学习者的理解和共鸣。在中国文学与世界文学对话的过程中，学习者会发现文学与社会、文化、历史之间隐秘而有趣的联系，从而全方位加深对中国的理解。

小说阅读课以生动的文学作品为语言学习的对象，贯彻了"学一门语言，更是学一种文化"的教学理念。为使学生逐步适应，课文的编排由短到长（1500字—15000字），内容由易到难（生词注释逐渐减少，文化注释明显增多）。小说中所呈现的文化面貌丰富而自然：既有表层的文化现象，如风土物产、禁忌、饮食、礼仪、年俗；亦有深层的文化精神，如"高山流水"的知音之情、艺术的创作与欣赏；恢复高考、早恋等影响当代中国变迁与成长的社会问题也成为小说或明或暗的背景。这些鲜活而深刻的现实性文本为学生们提供了另一种学习"中国概况"的角度。

课文中的生词与解释采用脚注的形式，在保证阅读效率的同时，也便于学生查阅。各课之间的生词呈现出一定的复现性，便于学生在阅读中不断巩固。生词的注释不完全依循词典解释，部分根据作品语境还原句中的意义，并加入一定的词汇扩展和例句，以贴近学生语言学习实践。

课文的排版采取分栏式，外侧针对课文细节进行提问，便于学生对局部意义的理解，总结和概括句群的意思。回答问题的过程，既是考查学生理解的过程，也是学生将所理解内容输出的过程。

在练习的设计上，内容理解方面设计了一些开放性较高的思考与讨论题，词汇学习方面设计了一些近义词与成语练习，写作训练方面设计了一些故事概括与艺术评论、修辞模仿练习等，使整个阅读学习的过程富于趣味性和实用性。

教学建议

在教学实践上，本课程建议采取"翻转课堂"（Flipped Classroom）教学模式。学生用大部分时间在课下完成阅读，课上的时间由教师的提问、引导和师生的讨论组成。

由于小说大多篇幅较长，可将小说的阅读部分以课下作业的形式布置给学生，课上时间主要用于提问、答疑和讨论等：教师检查学生是否理解，解释疑难部分，师生讨论作品内涵与意蕴等。

本书共十课，可分两学期完成。以每节课大约50分钟，每周4节为例，第一学期可以完成前五六课内容；待学生适应学习进度后，第二学期可以加快进行后面的教学。大致的进度可为：每2节完成约3页内容。篇幅在1500字以内的课文（如《重逢》），4至8节可完成一课；篇幅在1500字到15000字的课文（如《洗尘》），约需12节完成。文化内容较多的课文（如《鉴赏家》），需增加文化背景方面的介绍，亦应适当增加课时。

以上是编者根据自己的教学实践提出的一些建议，有经验的教师完全可以按照自己的方法，更有创意地使用本教材。在教材使用中如有任何问题，欢迎讨论切磋。

致谢

　　谨向提供这些文学作品的中国当代作家们致谢，谢谢他们为全世界的中文学习者贡献了如此优秀的学习范本。

　　本教材在北京大学对外汉语教育学院选修课中试用了 5 个学期，受到留学生们的欢迎，每学期学生们都提供了宝贵的建议和意见，使教材设置渐趋合理，感谢他们对本教材的热情支持。

刘晓南

liuxn@pku.edu.cn

目 录

第一课	重逢（吴念真）	1
第二课	洗澡（阿城）	9
第三课	痴鸡（曹文轩）	22
第四课	鉴赏家（汪曾祺）	43
第五课	洗尘（笛安）	62
第六课	家事（毕飞宇）	92
第七课	不受欢迎的客人（张怡微）	132
第八课	离歌（鲁敏）	157
第九课	风度（铁凝）	197
第十课	清水洗尘（迟子建）	230

第一课　重　逢[1]

吴念真[2]

【课前热身】

1. 你期待和以前的恋人再见面吗？
2. 如果是对方先离开你的，你会选择怎么对待他/她？
3. 你觉得一个人的性格、修养会和命运有关系吗？
4. 如果一个人没有朋友，他会找谁倾诉自己的故事？

　　事业失败之后才发现，除了开车之外，自己好像连说得出口、拿得出手的专长都没有，所以最后他选择了开计程车。

□ 他的工作是什么？

□ 他为什么开计程车？

　　只是没想到台北竟然这么小，计程车在市区里跑竟然老是碰到以前商场上的客户或对手，"熟人不收费，自己倒贴[3]时间和油钱这不算什么，最怕遇到的是以前的对手，车资两百三给你三百

1　重逢（chóngféng）：分别后再见面。
2　吴念真（1952—　）：台湾知名导演、作家、编剧、演员、主持人，多部剧作获奖。此文选自其小说集《这些人，那些事》。
3　倒贴（dàotiē）：本应得到钱物的人反过来拿出钱、物等给人。

这个人目前的状况怎么样？	块，奉送[4]一句：'不必找啦，留着吃饭！'外加一个奇怪的眼神和笑容，那种窝囊[5]感让人觉得干脆死了算了！"
他开计程车为什么专跑机场？	所以后来他专跑机场，说比较不会遇到类似难堪[6]的状况，而且也不用整天在市区没目的地逛，让自己老觉得像一个已经被这个战场淘汰[7]的残兵败将，或者像中年游民一般感到无望。
他期待遇到前妻吗？	不过，他也承认跑机场的另一个奢望[8]是，如果前妻带着孩子们偷偷回来的话，说不定还有机会堵上他们，至少和孩子们见上一面。"离婚后就没见过……我只能凭空想象他们现在的样子。"
他与他前妻的关系怎么样？	
他希望遇到前女友吗？	孩子和前妻一直没碰上，没想到先碰到的反而是昔日[9]的恋人。
他认出她来了吗？	他说那天车子才靠近，他就认出她来了。"曾经那么熟悉的脸孔和身体……而且除了发型，十

---

4 奉送：本为敬辞，赠送、白送的意思。这里有讽刺意味。

5 窝囊（wōnang）：受委屈之后表现出的烦恼；窝气。

6 难堪（nánkān）：不容易忍受，感到尴尬。

7 淘汰（táotài）：去掉不合适的，保留合适的。

8 奢望（shēwàng）：因要求过高而难以实现的希望。

9 昔日（xīrì）：以前，往日。

几年她好像一点也没变。"

上车后,她只说了一个医院的名字和"麻烦你"之后,就沉默地看着窗外,反而是他自己一直担心会不会因为车子里的名牌而被她认出来。不过,她似乎没留意,视线从窗外的风景收回来之后,便拿出电话打。

第一通电话听得出她是打回澳洲雪梨[10]的家,听得出先生出差去了英国。她轮流跟两个孩子说话,要一个男孩不要为了打球而找借口不去上中文课,也要一个女孩钢琴要好好练,不然表演的时候会出丑[11],然后说见到外婆之后会替他们跟她说爱她等等,最后才听出是她母亲生病了,因为她说:"我还没到医院,不过妈妈相信外婆一定会很平安。"

他还记得她母亲的样子和声音,以及她做的一手好菜,更记得两人分手后的某一天,她到公司来,哽咽[12]地跟他说"你怎么可以这样对待

> 他们之间有没有对话?

> 她有没有表示她认出了他?

> 从她的第一通电话里可以了解到什么?

> 他为什么会想到她的母亲?

---

10 雪梨:即 Sydney,多译为"悉尼"。
11 出丑(chū chǒu):丧失体面;丢人。
12 哽咽(gěngyè):不能痛快地出声哭。

- 她母亲为什么哽咽?
- 第二通电话她打给谁?
- 从这通电话能了解到什么?
- 他们是什么时候开始谈恋爱的?
- 大学毕业后他们做了什么?
- 他们的事业发展得怎么样?
- 他们为什么分手?

我女儿呢?你都不记得我烧过那么多好菜给你吃……"的时候那种颤抖的语气和怨怼[13]的眼神。

打完家里的电话,接着打的是她公司,利落的英文、明确的指令加上自然流露对同事的关心,一如以往。

他们大学时候就是恋人,毕业之后他去当兵,而她在外商公司做事;他退伍[14]后,她把一些客户拉过来,两个人合伙做。三年后,公司从两个人变成二十几个人,而他却莫名其妙[15]和一个客户的女儿上了床……

"说莫名其妙其实是借口。"他说:"到现在也没什么好不承认的……一来是新的身体总比熟悉的刺激,还有……这个客户公司的规模是我的几百倍,那时不是流行一句话:娶对一个老婆可以省掉几十年的奋斗?"

最后车子经过敦化南路,经过昔日公司的办

---

13 怨怼(yuànduì):怨恨,不满。
14 退伍:军人从军队中退役。
15 莫名其妙:事情很奇怪,使人不明白,说不出道理来。

公室，两旁的台湾栾树[16]正逢花季，灿烂的秋阳下一片亮眼的金黄。

后座当年的爱人正跟之前公司的某个同事话家常，说台北，说澳洲，说孩子，说女人到了这个年龄阶段的感受，然后说将在台北停留的时间以及相约见面吃饭，说："让我看看你们现在都变成什么模样。"

车子最后停在医院门口，他说他还在躲避，也在犹豫要不要跟她收费或者为她打个折什么的，没想到后头的女人忽然出声，用极其平静的语气跟他说："……我都已经告诉你我所有的状况……家庭、工作、孩子，告诉你现在的心情、告诉你对过去同事的思念……什么都告诉你了，而你……而你连一声hello都不肯跟我说？"

> 女人的第三通电话打给谁？
>
> 从这个电话中我们可以知道什么？
>
> 他为什么还在躲避和犹豫？
>
> 女人一开始认出他了吗？
>
> 她想知道他现在的情况吗？
>
> 她心里真的很"平静"吗？

赏析：

两个曾经相爱的人后来分手了，多年以后再重逢，会是怎样的情形？有的人可能会激动，有的人却想躲避，原因都与之前的故事如何结束有关。小说选择了人生最富戏剧性的桥段，甚至没有让主人公正面交

---

16 栾（luán）树：一种落叶乔木，花期8-9月，花黄色、果淡红色。

锋，却在浓缩的篇幅里，透露了他们各自不同的人生经历。男主人公的人生并没有按照他所设计的进行，而女主人公却依然收获了属于自己的幸福。到底是造化弄人，还是命运由自己决定？也许，上帝在之前就埋下了伏笔，给出了答案。

作者选择的讲述者耐人寻味。既不是"我"，也不是"他"，而是某人眼中的"他"。这样，我们就能有时站在上帝的角度，有时又贴近了他"自己"。这种视角的挪移，酷似电影中镜头的调度，使小说颇富层次，耐人寻味。

练 习

一、判断对错

1. 他一直是一个出租车司机。　　　　　　　　　　　（　　）
2. 他开出租车是因为开车是他的专长。　　　　　　　（　　）
3. 他离婚了，而且没再见过前妻和孩子。　　　　　　（　　）
4. 他的前妻和孩子现在不在台湾。　　　　　　　　　（　　）
5. 他没想到碰到了前妻。　　　　　　　　　　　　　（　　）
6. 他害怕她认出他来。　　　　　　　　　　　　　　（　　）
7. 他们一开始就认出对方来了，但假装不认识。　　　（　　）
8. 她在车上一直在打电话。　　　　　　　　　　　　（　　）
9. 他从电话里知道了她的情况：她结婚了，在澳大利亚做家庭主妇，有两个孩子，回来是因为母亲生病住院了。（　　）
10. 他们当年分手的原因是她不爱他了。　　　　　　（　　）

二、近义词连线

三、根据课文，选词填空

> 奢望　奉送　倒贴　淘汰　出丑　难堪　窝囊　昔日

故事里的男女主人公是一对（　　）的恋人。现在，男人在事业上失败了，遭到了（　　），只好开出租车来维持生活。他经常会遇见自己过去生意上的对手，对方的嘲笑让他很受不了，感到（　　）和（　　）。他宁愿自己（　　）油钱也不愿意对方以（　　）车资来嘲笑他。所以他专跑机场。他希望在机场能碰上离婚后就没再见过的妻子和孩子，但是这是个（　　），他一次也没遇见过他们，却遇见了自己以前的恋人。他假装不认识他，希望她也没认出自己。下车时，女人对他说的话让他（　　）。

四、选词填空

> 倒贴　奉送　窝囊　难堪　淘汰　奢望
> 昔日　哽咽　怨怼　退伍　莫名其妙

1.我根本没有见过他，他却说是我的朋友，真是（　　）！

2. 商家买一送一，（　　）的是这么差劲的东西，不但便宜我不会要，就是（　　）我也不会要！

3. 谈到死去的恋人，她（　　）了，难过得半天无法说下去。

4. 离婚的夫妇如果彼此（　　），他们的孩子通常也不会幸福。

5. 他输了官司，还得赔钱，真是赔了夫人又折兵，够（　　）的。

6. 这个（　　）的军旅冠军在第一轮比赛中就被（　　）了，他出了丑，感到很（　　），就（　　）了，也结束了网球生涯。

7. 作为您的影迷，我有一个（　　），就是希望您能吻我一下。

五、解释课文中画～～～的部分

六、思考与讨论

1. 小说中的男女主人公分别是什么样的性格？这样的性格对他们的命运有影响吗？

2. 这篇小说的作者和故事的叙述者是同一个人吗？你觉得他们之间可能是什么关系？比较一下，由作者叙述与由主人公叙述有什么不同。你觉得哪一种更好？

3. 你觉得这个女人现在对这个男人是一种什么样的情感？

七、概述故事，400字左右

八、课堂活动：分组讨论小说如果变成电影应该怎样拍，然后在课堂上把它表演出来

第二课 洗 澡

阿 城[1]

【课前热身】

1. 你去过草原吗？你知道草原的气候和风光特点吗？
2. 全世界的草原主要分布在哪里？在中国，草原主要分布在哪里？
3. 草原上生活的民族与其他地方生活的民族在饮食起居上有什么不同？
4. 如果你在长期孤独的旅途中好容易才遇到一个陌生人，你会和他搭讪（dāshàn，为了跟人接近而找话说）吗？怎么说？
5. 在你们国家，人们说话是比较直接的还是比较委婉的？你觉得哪一种比较好？

<u>中午的太阳极辣，烫[2]得脸缩着。半天的云前仰后合[3]</u>，被风赶着跑，于是草原上一片一片地暗下去，又一片一片地亮起来。

> 画线的地方是什么修辞手法？

---

1 阿城（1949—　）：中国当代作家。1984年发表处女作《棋王》，引起广泛关注并获1983—1984年全国优秀中篇小说奖。此后又有小说《树王》《孩子王》相继问世并被改编为电影，成为"第五代导演"的代表作。他的具有散文化倾向的短篇小说集《遍地风流》也引起评论界的广泛关注。他的作品以白描淡彩的手法渲染民俗文化的氛围，透露出浓厚隽永的人生逸趣，寄寓了关于宇宙、生命、自然和人的哲学玄思，关心人类的生存方式，表现传统文化的现时积淀。这篇小说选自《遍地风流》。
2 烫（tàng）：温度高，皮肤接触温度高的物体感觉疼痛。~手｜~嘴。
3 前仰后合：身体前后晃动，多指大笑时。笑得~。

| "我"为什么搔？为什么不敢下水？

我已脱⁴下衣服，前后上下搔⁵了许久。阳光照在肉上，搔过的地方便一条一条地热。云暗过来，凉风拂起一身鸡皮疙瘩⁶，不敢下水。

| 河与溪有什么区别？

这河大约只能算作溪⁷，不宽，不深，绿绿地流过去。牧⁸草早长到小腿深，身上也已经出过两

| "我"有多久没洗过澡了？

个月的汗，垢⁹都浸¹⁰得软软的，于是时时把手伸进衣服里，慢慢将它们集合成长条。春风过去两

| 现在是什么季节？

个月，便能在阳光下扒光¹¹衬衣裤，细细搜¹²捡着虱子¹³们。

远远有一骑手缓缓¹⁴而来，人不急，马更不

---

4 脱（tuō）：取下，除去。反义词：穿。
5 搔（sāo）：挠，用手指甲轻刮。~痒｜~头。
6 鸡皮疙瘩（jīpí gēda）：由于受到寒冷或惊吓在人的皮肤上出现的类似鸡皮上的小疙瘩。
7 溪（xī）：山里的小河沟，泛指小河沟。山~｜清~｜~水。
8 牧（mù）：放养牲口、动物。~场｜放~｜游~｜~民｜~歌。
9 垢（gòu）：脏东西。污~｜泥~｜牙~。
10 浸（jìn）：泡，使渗透。~泡｜~透。
11 扒（bā）光：全部脱掉。
12 搜（sōu）：寻找。~寻。
13 虱子（shīzi）：寄生在温血动物体上的各种无翅且通常扁平的小昆虫，浅黄或灰白、灰黑色，头小，肚子大。吸食血液，能传染疾病。
14 缓缓（huǎnhuǎn）：慢慢的样子。

急，于是有歌声沿草冈[15]漫[16]开。<u>凡开阔之地的民族，语言必像音乐</u>。但歌声并无词句，只是哦哦地起伏[17]着旋律[18]，<u>似乎不承认草原比歌声更远</u>。

骑手走近了，很阔[19]的一个脸，挺一挺腰，翻[20]下马来，又牵着马，慢慢走到河边，任马去饮[21]。骑手看看我，说："热得很！"我也说："热得很。"他又问："要洗澡？"我说："要洗澡。"他一边解开红围腰[22]，一边说："好得很！好得很！"

<u>骑手将围腰扔在草上，红红的烫眼睛</u>。他又脱下袍子[23]，一扔，压在围腰上。围腰还是露出一截[24]，<u>跳跳的</u>。

骑手把衣服都脱了，阳光下，如一块脏玉，

> 两人谁先来的？谁先下水洗澡的？

> 骑手有什么民族特点？

---

15 冈（gāng）：山脊。山~ | ~峦。
16 漫（màn）：水过满，四外流出。
17 起伏（qǐfú）：上升和下降。
18 旋律（xuánlǜ）：若干乐音经过艺术构思而形成的有组织、有节奏的序列。
19 阔（kuò）：宽，不窄。
20 翻（fān）：反转，变动位置。
21 饮（yǐn）：喝。~水 | ~酒。
22 围腰：这里指蒙古族人穿的袍子中间所系的腰带。
23 袍（páo）子：这里指蒙古族常穿的一种长衣。
24 一截（jié）：一段。

宽宽的一身肉,屁股有些短,腿弯弯地站在岸边,用力地搔身上。

他又问:"洗澡?"我说:"洗澡。"他就双手拍着胸,向水里蹚[25]去。水没[26]到小腿的一半。

> 骑手为什么要大吼一声?

忽然他大吼[27]一声,身子一倾[28],扑进水里。水花惊跳起来,出一片响声。不待[29]水花落下去,他早又在水里翻过身来,双手挖水泼自己,嘴里嗬嗬地叫着。

我站起来,也不由用手拍着胸腹[30],伸脚向水里探[31]去,但立刻觉得小肚子紧起来。终于是要洗,不能管凉,慎慎地[32]往下走。

冷不防[33]身上火烫也似[34]凉得抖一下,原来骑

25　蹚(tāng):从有水、草的地方走过去。~水过河。
26　没(mò):淹没。
27　吼(hǒu):(像猛兽一样)大声叫。
28　倾(qīng):倾斜,失去重心而倒向一边。
29　待(dài):等待。
30　胸腹(xiōng fù):胸部和肚子。
31　探(tàn):把头、手或脚小心地伸出去,以发现未知的情况。
32　慎(shèn)慎地:小心谨慎的样子。
33　冷不防:没预料到,突然。
34　似(sì):如同,一般。

第二课　洗　澡

手在用力挖水泼过来。我脚下一个不稳[35]，跌[36]到水里。

　　水还糊[37]住眼睛，就听得骑手在嗬嗬大叫。待抹[38]掉脸上的水，见骑手埋在水里，只露一张阔脸在笑。

　　我说："啊！凉得很！"骑手说："凉得很！"

　　我急忙用手使劲搓[39]胸前，脸上，腿下，又仰倒在水里。水激[40]得胸紧紧的，喘[41]不出大口的气。天上的云稳稳地快跑。

　　骑手又哦哦地唱起歌，只是节奏随双手的动作在变，一会儿双手又随歌的节奏在搓。他撅[42]起屁股，把头顶浸到水里，叉[43]开手指到头发里抓，歌声就从两腿间传出来。抓完头，他又叉开

"我"为什么会跌倒？

骑手为什么挖水泼"我"？

"我"生气了吗？

为什么"我"喘不出大口的气？

注意这一段和下一段洗澡过程中用到的动词。根据它们的意思，想象当时的场景。

35　一个不稳：这里指一下子没站稳。
36　跌（diē）：摔，失去重心而倒在地上。
37　糊（hū）：涂抹使封闭起来，这里指水使眼睛睁不开。～了一层泥。
38　抹（mǒ）：擦。
39　搓（cuō）：两个手掌相对或一个手掌放在别的东西上擦。～洗｜～澡｜～手。
40　激（jī）：水受到震荡而涌起或飞溅。冲～｜～荡。这里指冷水突然刺激身体，使人呼吸困难。
41　喘（chuǎn）：急促地呼吸。～气｜～息。
42　撅（juē）：翘起。～嘴｜～屁股。
43　叉（chǎ）：分开，张开。～开两腿。

13

腿，很仔细地洗下面的东西，发现我在看他，很高兴地大声说："干净得很！"

我也周身[44]仔细地搓，之后站起来。风吹过，浑身抖着，腮[45]僵[46]得硬硬的，缩缩地看一看草原。

忽然发现云前有一块黄，惊得大叫一声，返身扑进水里。骑手看看我，我把手臂伸出去一指。

对岸一个女子骑在马上，宽宽的一张脸，眼睛很细，不动地望着我们。

骑手看到了她，并不惊慌，把手在胸前抹一抹，阔脸放出光来，向那女子用蒙语问，意思大约是：没有见过吗？

那女子仍静静跨在马上，隐隐有一些笑意。骑手弯下腰去掬[47]一些水，举到肩上松开手，身上沿着起伏处亮亮地闪起来。

那女子说话了，用蒙语，意思大约是：这另外一个人是跌倒了吗？骑手嘀嘀笑了，说："汉人

> "我"为什么惊慌？

> 骑手为什么会"阔脸放出光来"？

> 女骑手的性格是怎样的？

> 在这种情况下，骑手和"我"的态度有什么不同？

---

44 周身：全身。

45 腮（sāi）：面颊的下半部，脸的两旁（亦称"腮帮子"）。~颊。

46 僵（jiāng）：直挺挺，不灵活。冻~｜~硬｜直~｜~化。

47 掬（jū）：用两手捧。

的东西和我的不一样,他恐怕[48]吓着你!"

我分明感到那女子向我盯住看,不由更向水里缩[49]下去。

> 这里反映了两个人什么样的性格特点?

那女子又向骑手说了:"你很好。"骑手一下子得意得不行,伸开两条胳膊[50]舞了一下,又叭叭地拍着胸膛[51],很快地说:"草原大得很,白云美得很,男子应该像最好的马,"他的声音忽然轻柔[52]极了,只有蒙语才能这样又轻又快又柔,"你懂得草原。"

那女子向远处望了一下,胯下的马在原地倒换了一下蹄子[53]。她也极快地说:"草原大得孤独[54],白云美得忧愁,我不知道是不是碰到了最好的马,也许我还没有走遍草原。"

> 男女骑手的对话实际是什么意思?他们是直接说的吗?

骑手呆住了,慢慢低下头去看河水。那女子

> 骑手为什么呆住了?

---

48 恐怕(kǒngpà):害怕,担心。
49 缩(suō):向后退,往回收。退~ | 畏~ | ~手~脚:比喻做事顾虑多,不大胆。
50 胳膊(gēbo):手臂,臂膀。人的肩膀以下,手腕以上的部位。
51 胸膛(xiōngtáng):胸部,人的脖子和肚子之间的部位。
52 轻柔(qīngróu):形容轻而柔和。~的歌声 | ~的脚步 | 动作~。
53 蹄子(tízi):牛、马等类动物的脚。
54 孤独(gūdú):独自一个人,孤单。

声音极高地吆[55]了一下马,马慢慢地摆[56]着屁股离开河边跑去。骑手抬起头来,好像在看天上的河水,忽然猛猛地甩[57]甩头发,走到岸上,很快地把衣服穿起来。又一边慢慢裹着围腰,一边看着远去的黄头巾。骑手一摇一摇地去牵[58]走远了的马,唱起歌来,那大致[59]的意思是:

最好的马在呼伦贝尔[60]

马儿在呼伦贝尔最好

因为呼伦贝尔草原最好

最好的马在呼伦贝尔

马儿在呼伦贝尔最好

因为呼伦贝尔骑手最好

马儿跑遍草原

女人走遍草原

> 骑手的歌中传达了什么意思?

---

55 吆(yāo):大声喊叫。多用于大声叫卖东西和大声驱赶牲畜。
56 摆(bǎi):来回摇动。
57 甩(shuǎi):来回挥动。~头丨~手。
58 牵(qiān):拉,引领向前。
59 大致:大概。
60 呼伦贝尔:在内蒙古自治区,以境内呼伦湖和贝尔湖得名。东邻黑龙江省,西、北与蒙古国、俄罗斯相接壤,是中俄蒙三国的交界地带,与俄罗斯、蒙古国有1723公里的边境线。呼伦贝尔草原是世界四大草原之一,被称为世界上最好的草原。

但在呼伦贝尔草原停下来

马儿停在这里

女人留在这里

成吉思汗[61]的骑手从这里开拔[62]

　　那女子走得极远了，停下来。骑手一直在望着她，于是飞快地翻上马去，紧紧勒[63]住皮缰[64]，马急急地刨[65]几下蹄子。骑手猛一松缰，那马就箭一样笔直地跑进河里，水扇一样分开。马又一跃到对面岸上，飞一样从草上飘过去。

　　阳光明晃晃地从云中垂下来，燃着了草冈上一块红的火，一块黄的火。

> 女子为什么停了下来？

> 画线部分用了什么修辞手法？

> 最后一句话是什么意思？

61　成吉思汗（hán）(1162—1227)：孛儿只斤·铁木真的尊号，意为"拥有海洋四方"。世界史上杰出的政治家、军事家。1206年建立政权，此后多次发动对外征服战争，征服地域西达中亚、东欧的黑海海滨。

62　开拔（kāibá）：一般指军队从驻地出发。

63　勒（lè）：收住缰绳不让骡马等前进。悬崖~马。

64　缰（jiāng）：拴牲口的绳子。~绳｜脱~｜信马由~。

65　刨（páo）：向土里挖。~坑｜~土｜~根问底：比喻追究底细。

赏析：

这篇小说写了什么？一段见闻，三个人的邂逅，两种文化的碰撞，一个蒙古族男人与蒙古族女人恋情的开始。在草原风光和蒙古风情中，在人与人之间的偶遇与相知中，交错着文化与文化之间有趣的对比，男人与女人之间的情爱追求。小说里没有深刻的思想，只是还原了人最质朴的存在方式。

20世纪80年代中期，中国文坛上兴起了一股"文化寻根"的热潮，这些作家坚信"越是民族的，就越是世界的"，应该"以中国的传统的美的表现方法，真实地表达中国人的生活和情绪"。阿城正是"寻根文学"的代表作家。

这篇小说是特别追求"中国特色"的。《洗澡》的写法受传统影响很深。首先，采用了古代笔记小说的体裁，短小，见闻录式。其次，作者刻意从中国古代小说和绘画的技法中获取营养。小说以短句为主，用了中国画常用的白描和写意的手法，抓住事物的魂与神，而不追求细节的铺陈。再次，文字简练，格外讲究用字，用了多种修辞手法，追求传神和强烈的艺术效果。

练 习

一、判断对错

1. "我"选择在中午洗澡，因为那时的太阳最好，最暖和。（　　）
2. 洗澡的时候水很暖和。（　　）
3. "我"要在一个阔而浅的河流里洗澡。（　　）
4. "我"已经有两个月没洗过澡了。（　　）

5. 男骑手很喜欢唱歌。（　　）

6. 男骑手先下水洗澡。（　　）

7. 蒙古族男骑手向我泼水，开玩笑。（　　）

8. 一个穿黄衣服的女骑手看到了我们洗澡。（　　）

9. "我"和男骑手都感到不好意思。（　　）

10. 女骑手很欣赏男骑手。（　　）

11. 男骑手很得意，并想追求女骑手。（　　）

12. 女骑手委婉地拒绝了他。（　　）

13. 男骑手开始有点泄气，但后来鼓起勇气去追女骑手了。（　　）

14. 女骑手接受了他。（　　）

15. "我"在洗澡的时候遇到了一对蒙古族男女，目睹了一场爱情的发生。（　　）

16. 蒙古族人在性格上比汉人豪放、自由。（　　）

17. 蒙古族人说话很直接。（　　）

18. "我"欣赏蒙古族人的文化。（　　）

19. 蒙古族人很热爱他们的家乡，很为他们的历史骄傲。（　　）

20. 小说里有很多心理描写。（　　）

二、参考例句中用到的修辞手法，找出文中使用同样修辞手法的一句，写在下面

比喻：骑手把衣服都脱了，阳光下，如一块脏玉。

_____

夸张：马又一跃到对面岸上，飞一样从草上飘过去。

_____

拟人：天上的云稳稳地快跑。

_____

借代：一边看着远去的黄头巾。
_____

通感：中午的太阳极辣。
_____

三、解释课文中画 ～～～ 的部分

四、思考与讨论

1. 这篇小说表现的是哪里的生活场景？
2. 这篇小说有几个人物？他们的性格是怎样的？
3. 从洗澡可以看出男骑手和"我"性格上有什么不同？
4. 男子说："草原大得很，白云美得很，男子应该像最好的马，你懂得草原。"女子答："草原大得孤独，白云美得忧愁，我不知道是不是碰到了最好的马，也许我还没有走遍草原。"他们对话中的言外之意是什么？
5. 你能理解男子唱的歌里的意思吗？他用了什么表现手法？
6. 这篇小说在语言上有什么特点？
7. 这篇小说在艺术上有什么特点？
8. 小说里最打动你的是什么？

五、选一首你喜欢的中文诗，写下来，并谈谈你喜欢的理由

六、概述故事，300字左右

七、课堂活动：分组，每组3～4人。其中一人读课文，其他人表演课文里的动作和语言，体会动词的意思。特别要把下文中的"糊""抹""埋""露""搓""仰""倒""激""喘"等表演出来

　　水还糊住眼睛，就听得骑手在嘀嘀大叫。待抹掉脸上的水，见骑手埋在水里，只露一张阔脸在笑。

　　我说："啊！凉得很！"骑手说："凉得很！"

　　我急忙用手使劲搓胸前，脸上，腿下，又仰倒在水里。水激得胸紧紧的，喘不出大口的气。天上的云稳稳地快跑。

第三课 痴[1] 鸡

曹文轩[2]

【课前热身】

1. 你养过小动物吗？你养的小动物生过宝宝吗？
2. 你了解乡村生活吗？你去过中国的农村吗？
3. 宠物和农村饲养的动物（猪、牛、鸡、狗等）之间有什么区别？
4. 你见过精神上有问题的人（痴人）吗？人们对他们的态度是怎样的？

> 什么叫"痴鸡"？它们有什么特点？

每年春天，总有那么几只母鸡，要克制不住地生长出孵[3]小鸡的欲望。那些日子，它们几乎不吃不喝，到处寻觅[4]着鸡蛋。一见鸡蛋，就会惊喜[5]地"咯咯咯"地叫唤[6]几声，然后绕[7]蛋转上几

---

1 痴（chī）：入迷，执着，极度迷恋；也有傻的意思。~迷｜~心｜~情。
2 曹文轩（1954—　）：当代著名儿童文学作家，北京大学中文系教授，博士生导师。2016年4月获国际安徒生奖（Hans Christian Andersen Award）。主要作品有《草房子》《红瓦》《青铜葵花》《山羊不吃天堂草》《根鸟》等。
3 孵（fū）：鸟类伏在卵上（亦指用人工的方法），使卵内的胚胎发育成雏鸟。~化｜~育｜~小鸡。
4 寻觅（mì）：寻找。
5 惊喜（jīngxǐ）：因意外地发现而高兴。
6 叫唤（jiàohuan）：人或动物发出叫声。
7 绕（rào）：围着转。

圈，蓬松[8]开羽毛，慢慢蹲下去，将蛋拢[9]住，焐[10]在胸脯[11]下面。但许多人家，却并无孵小鸡的打算，便在心里不能同意这些母鸡们的想法。再说，正值[12]春日，应是母鸡们好好下蛋的季节[13]。这些母鸡一旦要孵小鸡时，便进入痴迷状态，而废寝忘食[14]的结果是再也不能下蛋。这就使得主人很恼火，于是就会采取种种手段将这些痴鸡们从孵小鸡的欲望[15]中拖拽[16]回来。

这样的行为，叫"醒鸡"。

我总记着许多年前，我家的一只黑母鸡。

那年春天，它也想孵小鸡。第一个看出它有这个念头的是母亲。她几次喂食，见它心不在

> 鸡的主人喜欢这样的鸡吗？为什么？

> 什么叫"醒鸡"？

> "痴鸡"和"醒鸡"这两个词的构词方式一样吗？

---

8 蓬松（péngsōng）：这里形容毛发松散开来的样子。
9 拢（lǒng）：使靠近、聚在一起或不离开。收～｜～音｜把孩子～在怀里。
10 焐（wù）：用热的东西接触凉的东西，使它变暖。用热水袋～手。
11 胸脯（xiōngpú）：胸部，在颈和腹之间。
12 值：遇到，赶上。正～春季。
13 季节（jìjié）：指一年中有特点的一段时间。农忙～。
14 废寝忘食（fèiqǐn-wàngshí）：寝，睡觉。食，吃饭。顾不得睡觉，忘记了吃饭。常形容专心致志。
15 欲望（yùwàng）：强烈的向往或要求。
16 拽（zhuài）：拉，使移动。

> 母亲凭什么判断黑母鸡"痴"了?
>
> 孩子们对"痴鸡"的态度怎么样?
>
> 母亲和孩子们的态度一样吗?为什么?

焉[17]只是很随意地啄[18]几粒食就独自走到一边去时,说:"它莫非[19]要孵小鸡?"我们小孩一听很高兴:"噢,孵小鸡,孵小鸡了。"

母亲说:"不能。你大姨妈家,已有一只鸡代[20]我们家孵了。这只黑鸡,它应该下蛋。它是最能下蛋的一只鸡。"

我从母亲的眼中可以看出,她已很仔细地在心中盘算[21]过这只黑鸡将会在春季里产多少蛋,这些蛋又可以换回多少油盐酱醋来。她看了看那只黑母鸡,似乎有点为难。但最后还是说:"万万不能让它孵小鸡。"

这天,母亲终于认定了黑母鸡确实有了孵小鸡的念头,并进入状态了。得出这一结论,是因为她忽然发现黑母鸡不见了,便去找它,最后在鸡窝里发现了它,那时,它正一本正经[22]、全神

---

17 心不在焉(yān):心思不在这里。形容思想不集中。
18 啄(zhuó):鸟类用嘴叩击并夹住东西。~食。
19 莫非:表示揣测或反问。或许;难道。
20 代:替。
21 盘算(pánsuan):对事情的过程或结果进行仔细的考虑。
22 一本正经:显出很规矩、很庄重的举止或外表。有时含讽刺意味。

贯注[23]地趴在几只尚未来得及取出的鸡蛋上。母亲将它抓出来时，那几只鸡蛋早已被焐得很暖和了。

母亲给了我一根竹竿："撵[24]它，大声喊，把它吓醒。"

"让它孵吧。"

母亲坚持说："不能。鸡不下蛋，你连买瓶墨水的钱都没有。"

> 母亲决定用什么方法"醒鸡"？

我知道不能改变母亲的主意，取过竹竿，跑过去将黑鸡撵起来。它在前面跑，我就挥着竹竿在后面追，并大声喊叫："噢——！噢——！"从屋前追到屋后，从竹林追到菜园，从路上追到地里。看着黑母鸡狼狈[25]逃窜[26]的样子，我竟在追赶中在心里觉到了一种快意[27]。我用双目将它盯紧，把追赶的速度不断加快，把喊叫的声音不断加大，引得正要去上学的学生和正要下地干活的人

> "我"在"醒鸡"的过程中，一开始和后来的心理有没有变化？为什么？

---

23 全神贯注（quánshén-guànzhù）：集中全部精神。
24 撵（niǎn）：驱逐，追赶。把他~出去。
25 狼狈（lángbèi）：在困境中无法摆脱、为难的样子。
26 逃窜（cuàn）：逃跑流窜，向四处逃跑。
27 快意：心情快乐、舒畅。

都站住了看。几个妹妹起初是站在那儿跟着叫,后来也操[28]了棍棒之类的家伙[29]参加进来,与我一起轰[30]赶。

黑母鸡的速度越来越慢,翅膀也耷拉[31]了下来,还不时地跌倒。见竹竿挥舞过来,只好又挣扎[32]着爬起,继续跑。

我终于精疲力竭[33]地瘫坐[34]在了草垛[35]底下,一边喘气,一边抹着额头上的大汗。

黑母鸡钻[36]到了草丛里,一声不吭[37]地直将自己藏到傍晚,才钻出草丛。

但经这一惊吓,黑母鸡似乎并未醒来。它

> 这次"醒鸡"使黑母鸡醒来了吗?

---

28 操:拿。
29 家伙(jiāhuo):多指工具或武器。操~打人|吃饭的~。指人时有轻蔑或开玩笑的意思。这个坏~!
30 轰(hōng):驱逐,赶走。~走|~出去。
31 耷拉(dāla):松弛地下垂。
32 挣扎(zhēngzhá):竭力支撑,或摆脱。
33 精疲力竭(jīngpí-lìjié):精神、力气消耗已尽。形容疲乏至极。
34 瘫(tān)坐:肌体软弱无力地坐着。
35 垛(duò):整齐地堆积成的堆。麦~|草~。
36 钻(zuān):穿过,进入。~山洞|~树林。
37 一声不吭(kēng):不发出一点声音。

晾³⁸着双翅，咯咯咯地叫着，依旧³⁹寻觅着鸡蛋。它一下子就瘦损⁴⁰下来，似乎只剩了一只空壳。本来鲜红欲滴⁴¹的鸡冠⁴²，此时失了血色，而一身漆黑⁴³的羽毛也变得枯焦⁴⁴，失去了光泽。<u>不知是因为它总晾着翅膀使其他鸡们误以为它有进攻的意思，还是因为鸡们如人类一样喜欢捉弄⁴⁵痴子，总而言之⁴⁶，它们不是群起而追之，便是群起而啄之。</u>它毫无反抗的念头⁴⁷，且也无反抗的能力，在追赶与攻击中，只能仓皇⁴⁸逃窜，只能蜷缩⁴⁹在角落上，被啄得一地羽毛。它的脸上已有几处流血。

> 从外表看，它的情况怎么样？

> 鸡群对它的态度怎样？为什么？

> 请用一个词来形容黑母鸡在鸡群中的状况。

---

38 晾（liàng）：原意是把衣服等放在阳光下，或放在通风透气的地方使干燥。~晒｜~干。这里指母鸡像晾衣服一样张开翅膀。

39 依旧（yījiù）：依然像从前一样。

40 瘦损（shòusǔn）：消瘦。

41 鲜红欲滴：红得像血，好像能滴下来。

42 鸡冠（jīguān）：鸡头上高起的肉冠。

43 漆黑（qīhēi）：形容颜色极黑。

44 枯焦（kūjiāo）：干燥得像被火烧过一样。

45 捉弄：戏弄。常含贬义。

46 总而言之：总的来说。用在总结性的句子前。

47 念头（niàntou）：想法。

48 仓皇（cānghuáng）：匆促而慌张。

49 蜷缩（quánsuō）：身体弯曲着缩成一团。

> "我"对黑母鸡的态度如何?

每逢[50]看到如此情景,我一边为它的执迷不悟[51]而生气,一边用竹竿去狠狠打击那些心狠嘴辣[52]的鸡们,使它能够摇晃着身体躲藏起来。

过不几天,大姨妈家送孵出的小鸡来了。

> 黑母鸡见到小鸡以后的反应是什么样的?

黑母鸡一听到小鸡叫,立即直起颈子[53],随即大步跑过来,翅大身轻,简直像飞。见了小鸡,它竟不顾有人在旁,就咯咯咯地跑过来。它要做鸡妈妈。但那些小鸡一见了它,就像小孩一见到疯子,吓得四处逃散。我就仿佛听见黑母鸡说"你们怎么跑了",只见它四处去追那些小鸡。等

> 小鸡们对它的行为有什么感觉?

追着了,它就用大翅将它们罩[54]到了怀里。那被罩住的小鸡,就在黑暗里惊叫,然后用力地钻了出来,往人腿下跑。它东追西撵,弄得小鸡们东一只西一只,四下里一片"唧唧唧"的鸡叫声。

母亲说:"还不赶快将它赶开去!"

50　每逢(féng):每当遇到。

51　执迷不悟(zhímí-búwù):对事物分辨不清,不能意识到自己的错误。形容固执,不知悔悟。

52　心狠嘴辣:"心狠手辣"的仿用。心狠手辣形容对待别人心肠狠毒,手段残忍。这里指鸡群的行为残酷无情。

53　颈(jǐng)子:脖子。

54　罩(zhào):覆盖。

我拿了竹竿，就去轰它。起初它不管不顾，后来终于受不了竹竿抽打在身上的疼痛，只好先丢下了小鸡们，逃到竹林里去了。

我们将受了惊的小鸡们一只一只找回来。它们互相见到之后，竟很令人怜爱地互相拥挤成一团，目光里满是怯生生[55]的神情。

而竹林里的黑母鸡，一直在叫唤着。停住不叫时，就在地上啄食。其实并未真正啄食，只是做出啄食的样子。在它眼里，它的周围似乎有一群小鸡。它要教它们啄食。它竟然在啄了一阵食之后，幸福地扇动了几下翅膀。

当它终于发现，它只是孤单一只时，便从竹林里惊慌地跑出，到处叫着。

黑母鸡为什么最后"从竹林里惊慌地跑出"？

被母亲捉回笼子里的小鸡们，听见黑母鸡的叫声，挤作一团[56]，瑟瑟发抖[57]。

母亲说："非得把这痴鸡弄醒，要不，这群小

母亲为什么又一次决定"醒鸡"？

---

55 怯（qiè）生生：显出沉默或羞怯的样子，形容胆小畏缩。
56 挤作一团：挤在一起像个球一样。
57 瑟（sè）瑟发抖：形容身体不受控制轻微且快速抖动的样子。

鸡不得安生⁵⁸的。"

> 毛头第一次用什么办法"醒鸡"？

母亲专门将邻居家的毛头请来对付黑母鸡。毛头做了一面小旗，然后一笑，将黑母鸡抓住，将这面小旗缚⁵⁹在了它的尾巴上。毛头将它松开后，它误以为有什么东西向它飞来了，惊得大叫，发疯似的跑起来。那面小旗直挺挺⁶⁰地竖在尾巴上，在风中沙沙作响，这就更增加了黑母鸡的恐怖，于是更不要命地奔跑。

> 黑母鸡为什么"无休止地跑着"？

我们就都跑出来看。黑母鸡不用人追赶，屋前屋后无休止⁶¹地跑着，样子很滑稽⁶²。于是邻居家的几个小孩，就拍着手，跳起来乐。

黑母鸡后来飞到了草垛上。它原以为会摆脱小旗的，不想⁶³小旗仍然跟着它。它又从草垛上飞了下来。在它从草垛上飞下来时，我看见那面小旗在风中飞扬，犹如⁶⁴给黑母鸡又插上了一只

58　不得（dé）安生：不能得到安稳的生活。
59　缚（fù）：系，捆绑。
60　直挺挺：形容笔直或僵直的样子。
61　无休止：不停。
62　滑稽（huáji）：可笑。
63　不想：这里指没有想到。
64　犹如：好像。

翅膀。

其他的鸡也被惊得到处乱飞，家中那只黄狗汪汪乱叫。道道地地[65]的鸡犬不宁[66]。

黑母鸡钻进了竹林，那面小旗被竹枝勾住，终于从它的尾巴上被拽了下来。它跌倒在地上，很久未能爬起来，张着嘴巴光喘气。

> 这次"醒鸡"是怎样结束的？

黑母鸡依旧没有能够醒来。而经过这段时间的折腾[67]，其他的母鸡也不能下蛋了。

> 这次"醒鸡"的结果是什么？

"把它卖掉吧。"我说。

母亲说："谁要一副骨头架子？"

邻居家的毛头似乎很乐于来处置这只黑母鸡。他又一笑，将它抱到河边上，突然一旋身体，将它抛到河的上空。黑母鸡落到水中，沉没了一下，浮出水面，伸长脖子，向岸边游来。毛头早站在了那儿，等它游到岸边，又将它捉住，更远地抛到河的上空。毛头从中得到了一种残忍的快感，咧开嘴乐，将黑母鸡一次比一次抛得更

> 怎么理解毛头不请自来地处置这只黑母鸡？

> 这一次毛头是怎么"醒鸡"的？

65　道道地地：真真正正，确实是。
66　鸡犬不宁：鸡和狗都不得安宁。常用来形容动荡不安的情形。
67　折腾（zhēteng）：翻来覆去，反复做。这里指痴鸡被折磨，遭受痛苦。

远，而黑母鸡越来越游不动了。鸡的羽毛不像鸭的羽毛不沾水，几次游动之后，它的羽毛完全地湿透，露出肉来的身体便如铅团一样坠着往水里沉。它奋力拍打着翅膀，十分吃力地往岸边游着。好几回，眼看就要沉下去了，它又挣扎着伸长脖子游动起来。

毛头弄得自己一身是水。

当黑母鸡再一次拼了命游回到岸边时，母亲让毛头别再抛了。

> 是谁结束了这次"醒鸡"？

黑母鸡爬到岸上，再也不能动弹。我将它抱回，放到一堆干草上。它缩着身体，在阳光下瑟瑟发抖。呆滞[68]的目光里，空空洞洞。

> 黑母鸡"醒"过来了吗？

黑母鸡变得古怪起来，它晚上不肯入窝，总要人找上半天，才能找回它。而早上一出窝，就独自一个跑开了，或钻到草垛的洞里，或钻在一只废弃了的盒子里，搞得家里人都很心烦。又过了两天，它简直变得可恶[69]了。当小鸡从笼子里

> 这次"醒鸡"的结果是什么？

> 黑母鸡对小鸡的态度有什么变化？为什么？

68　呆滞（dāizhì）：行动、动作或反应迟钝。
69　可恶（wù）：令人讨厌。

放出，在院子里走动时，它就会出其不意[70]地跑出，去追小鸡。一旦追上时，它便显出一种变态[71]的狠毒，竟如鹰[72]一样，用翅膀去打击小鸡，直把小鸡打得乱飞乱叫。

母亲赶开它说："你大概要挨宰[73]了！"

一天，家里无人，黑母鸡大概因为一只小鸡并不认它，企图[74]摆脱它的爱抚[75]，竟啄了那只小鸡的翅膀。

母亲回来后见到这只小鸡的翅膀流着血，很心疼，就又去叫来毛头。

毛头说："这一回，它再不醒，就真的醒不来了。"他找了一块黑布，将黑母鸡的双眼蒙住，然后举起来，将它的双爪放在一根晾衣服的铁丝上。

> 母亲为什么又叫毛头来"醒鸡"？

---

70 出其不意：趁对方没有意料到突然采取行动。
71 变态：不正常。
72 鹰（yīng）：一种鸟，猛禽，嘴钩曲，趾有钩爪，十分锐利，捕食小兽和其他鸟类，猎人可驯养帮助打猎。~犬。
73 挨宰（ái zǎi）：被杀。
74 企图（qǐtú）：打算，图谋。
75 爱抚（àifǔ）：疼爱抚慰。

黑母鸡站在铁丝上晃悠[76]不止。那时候它的恐惧[77]，可想而知[78]，大概要比人立于悬崖[79]面临万丈深渊[80]更甚[81]。因为人毕竟可以看见万丈深渊，而这只黑母鸡却在一片黑暗里。它用双爪死死抓住铁丝，张开翅膀竭力[82]保持平衡。

起风了，风吹得铁丝呜呜响。黑母鸡在铁丝上开始大幅度[83]地晃悠。它除了用双爪抓住铁丝，还蹲下身子，将胸脯紧贴着铁丝，两只翅膀一刻也不敢收拢[84]。即便是这样，在经过长时间的坚持之后，保持平衡也已随时不能了[85]。它几次差点从铁丝上栽[86]下来，靠用力扇动翅膀之后，才又勉强[87]留在了铁丝上。

76　晃悠（huàngyou）：来回摆动，晃荡。

77　恐惧（kǒngjù）：害怕。

78　可想而知：可以通过推测而得知。

79　悬崖（xuányá）：高耸陡峭的山崖。

80　万丈深渊（shēnyuān）：非常深的水，形容非常危险可怕的境地。

81　更甚：更厉害，更严重。

82　竭力（jiélì）：用尽全力。

83　幅度（fúdù）：物体振动或摆动所展开的宽度。

84　收拢（shōulǒng）：收回，使靠近身体。

85　保持平衡也已随时不能了：不能再保持平衡了。

86　栽（zāi）：跌倒。

87　勉强（miǎnqiǎng）：能力不足仍全力去做。

第三课 痴 鸡

我看了它一眼,上学去了。

课堂上,我就没有怎么听老师讲课,眼前老是晃动着一根铁丝,铁丝上站着那只摇摆不定的黑母鸡。放了学,我匆匆往家赶,进院子一看,却见黑母鸡居然还奇迹般地留在铁丝上。我立即将它抱下,解了黑布,将它放在地上。它瘫痪[88]在地上,竟一步不能走动了。

"我"为什么听不进老师讲课?

回到家,什么事令"我"意外?

黑母鸡为什么"一步也不能走动了?"

母亲抓了一把米,放在它嘴边。它吃了几粒就不吃了。母亲又端来半碗水,它却迫不及待[89]地将嘴伸进水中,转眼间[90]就将水喝光了。这时,它慢慢地立起身,摇晃着走到篱笆[91]下。估计还是没有力气,就又在篱笆下蹲了下来,一副很安静的样子。

母亲叹息道:"这回大概要醒来了。再醒不来,也不要再去惊它了。"

傍晚,黑母鸡等其他的鸡差不多进窝后,也

黑母鸡醒过来了吗?

---

88 瘫痪(tānhuàn):身体某一部分完全或部分丧失运动功能。
89 迫不及待(pòbùjídài):一刻都不等待,形容非常急切的样子。
90 转眼间:形容时间过得很快。
91 篱笆(líba):用竹子等做成的栅栏,用来隔挡或分隔空间。

摇摇晃晃地进了窝。

我对母亲说:"它怕是真的醒了。"

> 母亲对它的态度怎样?为什么?

母亲说:"以后得把它分开来,让它吃些偏食[92]。"

然而,过了两天,黑母鸡却不见了,无论你怎么四处去唤它,也未能将它唤出。我们就只能寄希望于它自己走出来了。但一个星期过去了,也未能见到它的踪影[93]。

> 过了几天,发生了什么事?

我就满世界[94]去找它,大声呼唤着。

母亲说:"怕是被黄鼠狼[95]拖去了。"

> 母亲猜想黑母鸡会有什么样的结局?

我们终于失望了。

母亲很惋惜[96]:"谁让它痴的呢?"

起初,我还想着它,十天之后,便也将它淡忘[97]了。

---

92 偏食:这里指和其他鸡吃不一样的食物,意思是特殊照顾。
93 踪影(zōngyǐng):脚印和身影。
94 满世界:到处,所有地方。
95 黄鼠狼(huángshǔláng):黄鼬的通称。一种哺乳动物。夜间捕食鼠类,有时也吃家禽。
96 惋惜(wǎnxī):感到可惜,遗憾。
97 淡忘:慢慢遗忘。

第三课　痴　鸡

黑母鸡失踪[98]后大约三十多天，这天，我和母亲正在菜园里种菜，忽然隐隐约约[99]地听到不远处的竹林里有小鸡的叫声。"谁家的小鸡跑到我们家竹林里来了？"母亲这么一说，我们也就不再在意[100]了。但过不一会，又听到了咯咯咯的母鸡声，我和母亲不约而同[101]地都站了起来："怎么像我们家黑母鸡的声音？"再寻声望去时，眼前的情景把我和母亲惊呆了。

> 一个多月后，发生了什么事？

黑母鸡领着一群小鸡正走出竹林，来到一棵柳树下。当时，正是中午，阳光明亮照眼，微风中，柳丝轻轻飘扬。那些小鸡似乎已经长了一些日子，都已显出羽色了，竟一只只都是白的，像一团团雪，在黑母鸡周围欢快地觅食[102]与玩耍。其中一只，看见柳丝在飘扬，竟跳起来想用嘴

> 为什么白色的小鸡令"我"意外？

98　失踪（shīzōng）：失去踪影，不见。
99　隐隐约约（yǐnyǐnyuēyuē）：隐约，不清晰。
100　在意：注意，留意。
101　不约而同：事先没有商量，行动却相同。
102　觅（mì）食：动物寻找食物的行为。

> 黑母鸡和以前相比有什么变化?

> "我跳过篱笆,连忙从家里抓来米……"这表明了"我"对黑母鸡的什么态度?

> 母亲对什么感到奇怪?

> "我们"最后知道黑母鸡孵出小鸡的缘由了吗?

去叼[103]住,却未能叼住,倒跌在地上,笨拙[104]地翻了一个跟头[105]。再细看黑母鸡,只见它神态安详[106],再无一丝痴态,鸡冠也红了,毛也亮亮闪闪地又紧密、又有光泽。

我跳过篱笆,连忙从家里抓来米,轻轻走过去,撒给黑母鸡和它的一群白色的小鸡。它们并不怕人,很高兴地啄着。

母亲纳闷[107]:"它是在哪儿孵了一窝小鸡呢?"

半年之后,我和母亲到距家五十多米的东河边上去把一垛草准备弄回来时,发现那个本是孩子们捉迷藏用的洞里,竟有许多带有血迹的蛋壳。我和母亲猜想,这些鸡蛋,就是在黑母鸡发痴时,我家的其他母鸡受了惊,不敢在家里的窝中下蛋,将蛋下到这儿来了。这片地方长了许多杂草,很少有人到这儿来。大概是草籽和虫子,

---

103　叼(diāo):用嘴去衔。
104　笨拙(bènzhuō):反应迟钝,手脚不灵活的、动作难看的。
105　翻跟头(gēntou):身体向下翻滚转动又恢复原状。
106　安详(ānxiáng):稳重,从容,平静。
107　纳闷(nàmèn):不明白,感到奇怪。

维持了黑母鸡与它的孩子们的生活。

<u>黑母鸡自从出现之后，就再也没有领着它的孩子们回那个寂寞[108]的草垛洞。</u>

> 黑母鸡最后的结局怎样？

赏析：

从"痴"这个词，我们可以知道，这是一个以人的角度来讲述的鸡的故事。按照鸡的道理，抚育后代，是正常的自然法则；然而，按照人的道理，这件事情就变得不正常了。为了把这只人眼中不正常的鸡唤醒，人们执拗地一次一次用残忍的方式逼它。没想到，这只鸡竟然如此倔犟，它坚持不肯放弃自己的天性。最后，它终于"醒"了，不是因为人的唤醒，而是由于天性得到了释放。

小说从一个孩子的视角，看到了这个世界的无奈：母亲的犹豫，象征着贫穷与道义的博弈。虽然同具母性的母亲能理解一只母鸡的内心渴望，可是在贫穷面前，一只母鸡只能是一个生蛋的工具。小说的隐喻性颇为深刻：人类社会中，人自己又何尝不是在工具性和天性中做出抉择呢？孩子是天真的，母亲是现实的，小说里潜伏着善良的力量，使我们自始至终同情这只黑母鸡的命运。

108　寂寞（jìmò）：孤单，冷清。

练 习

一、判断对错

1. 有的母鸡到了春天就很想孵小鸡。（　　）
2. 母鸡的主人也愿意它们孵小鸡，因为可以有更多的鸡。（　　）
3. 孵小鸡的母鸡总是很能下蛋。（　　）
4. 人们会对不能下蛋的母鸡采取种种手段，让她忘掉孵小鸡的事情。（　　）
5. 小孩子们愿意看到黑母鸡孵小鸡。（　　）
6. 母亲不愿意黑母鸡孵小鸡，因为他们家已经有孵小鸡的母鸡了。（　　）
7. 我撵黑母鸡的时候，心里感到很痛快。（　　）
8. 其他的鸡都很同情这只黑母鸡。（　　）
9. 黑母鸡追小鸡是因为恨它们。（　　）
10. 黑母鸡变得越来越瘦了。（　　）
11. 毛头很乐意用各种残忍的方式折磨黑母鸡。（　　）
12. 是我解下了毛头在黑母鸡尾巴上绑的小旗子。（　　）
13. 母亲叫毛头不要再把黑母鸡抛到河里去了。（　　）
14. 黑母鸡在铁丝上站了很久，终于支撑不住，掉了下来。（　　）
15. 黑母鸡从铁丝上下来后，终于"醒"了，变得和别的鸡一样了。（　　）
16. 黑母鸡被黄鼠狼拖走了，失踪了一个月。（　　）
17. 黑母鸡回来时领了一群小鸡，它是在孩子们捉迷藏用的草垛洞里孵小鸡的。（　　）
18. 黑母鸡靠草籽和虫子养活了自己和孩子们。（　　）
19. 黑母鸡后来一直生活在孵小鸡的草垛洞里。（　　）
20. 黑母鸡最后被人们吓醒了。（　　）

二、把每组中意思相近的两个词语圈出来

1. 痴　执迷不悟　精疲力竭

2. 盘算　想要　企图

3. 捉弄　戏弄　逃窜

4.（正）值　（每）逢　邂逅

5. 折腾　折磨　寂寞

6. 滑稽　安详　可笑

7. 呆滞　灵活　笨拙

8. 勉强　惋惜　遗憾

9. 一声不吭　一本正经　默默无语

10. 失踪　躲藏　不见

11. 纳闷　安详　奇怪

12. 恐惧　怯生生　淡忘

13. 出其不意　道道地地　出乎意料

三、用下列词语造句

1. 废寝忘食

2. 心不在焉

3. 一本正经

4. 全神贯注

5. 精疲力竭

6. 执迷不悟

___

7. 瑟瑟发抖

___

8. 出其不意

___

9. 迫不及待

___

10. 不约而同

___

四、解释课文中画 ~~~ 的部分

五、思考与讨论

   1. 这个故事可能发生在何时？何地？

   2. 故事的主角是谁？故事的讲述者又是谁？由这个讲述者来讲故事好不好？为什么？

   3. 母亲和母鸡一样固执，但在拼死坚持的母鸡面前认输了，为什么？

   4. 读完小说后，思考这几组对立的概念："自然"与"人为"、"感性"与"理性"、"痴"与"醒"，与你读小说之前的认识有没有变化？

   5. 一个好作品需要具备哪些要素？

六、概述故事，并写下自己的感想，600～800 字

七、课堂活动：分组，把课文中的故事表演出来

第四课　鉴赏[1]家

汪曾祺[2]

【课前热身】

1. 你见过中国画吗？中国画与你们国家的画有什么不同？
2. 你理想中的买卖关系是什么样的？
3. 你理想的工作是什么样的？如果你找到了理想的工作，你会为它付出什么？
4. 人和人成为朋友需要条件吗？你认为交朋友有哪些条件？
5. 你觉得幸福的人生是什么样子的？理想的人际关系是什么样子的？

全县第一个大画家是季匋[3]民，第一个鉴赏家是叶三。

> 季匋民的职业是什么？

叶三是个卖果子的。他这个卖果子的和别的卖果子的不一样。不是开铺子的，不是摆摊的，也不是挑着担子走街串巷的。他专给大宅门[4]送果子。也就是给二三十家送。这些人家他走得很熟，

> 叶三的职业是什么？

> 叶三有哪些与同行不一样的地方？

1　鉴赏（jiànshǎng）：鉴，辨别并确定真伪优劣。赏，欣赏。评价和欣赏文物、艺术品等。
2　汪曾祺（1920—1997），江苏省高邮市人，中国当代作家、散文家、戏剧家、京派作家的代表人物。汪曾祺在短篇小说创作上颇有成就，对戏剧与民间文艺也有深入的钻研。
3　匋（táo）："陶"的古字，陶器。
4　大宅门：指有地位、有钱的人家。

看门的和狗都认识他。到了一定的日子,他就来了。里面听到他敲门的声音,就知道:是叶三。挎着一个金丝篾篮[5],篮子上插一把小秤[6],他走进堂屋,扬声称呼主人。主人有时走出来跟他见见面,有时就隔着房门说话。"给您称——?"——"五斤。"什么果子,是看也不用看的,因为到了什么节令[7]送什么果子都是一定的。叶三卖果子从不说价。买果子的人家也总不会亏待[8]他。有的人家当时就给钱,大多数是到节下(端午、中秋、新年)再说。叶三把果子称好,放在八仙桌[9]上,道一声"得罪",就走了。他的果子不用挑,个个都是好的。他的果子的好处,第一是得四时之先。市上还没有见这种果子,他的篮子里已经有了。第二是都很大,都均匀,很香,很甜,很好看。他的果子全都从他手里过过,有疤的、

> 叶三和他的主顾(常买他东西的顾客)之间会谈论钱吗?为什么?

> 叶三的果子有什么特点?

---

5 金丝篾篮(miè lán):一种用细竹片编的篮子,因呈金黄色而得名。
6 秤(chèng):量东西轻重的工具。体重~ | 一杆~。
7 节令:节气时令,某个节气的气候和物候。
8 亏待(kuī dài):和人相处不公平或不尽心。
9 八仙桌:指桌面四边长度相等的、桌面较宽的大方桌,每边可坐二人,四边围坐八人(犹如中国传说中的八位神仙),故人们常说"八仙桌"。

第四课 鉴赏家

有虫眼的、挤筐、破皮、变色、过小的全都剔下来，贱价卖给别的果贩。他的果子都是原装，有些是直接到产地采办来的，都是"树熟"，——不是在米糠[10]里闷熟了的。他经常出外，出去买果子比他卖果子的时间要多得多。他也很喜欢到处跑。四乡八镇，哪个园子里，什么人家，有一棵什么出名的好果树，他都知道，而且和园主打了多年交道，熟得像是亲家[11]一样了。——别的卖果子的下不了这样的功夫，也不知道这些路道。到处走，能看很多好景致，知道各地乡风，可资谈助[12]，对身体也好。他很少得病，就是因为路走得多。

> 为什么他能卖这么好的果子？

> 叶三喜欢他的工作吗？

立春前后，卖青萝卜。"棒打萝卜"，摔在地下就裂开了。杏子、桃子下来时卖鸡蛋大的香白杏，白得像一团雪，只嘴儿以下有一根红线的"一线红"蜜桃。再下来是樱桃，红的像珊瑚，

---

10 糠（kāng）：稻、麦、谷子等的种子所脱落的壳或皮。
11 亲家（qìngjia）：两家儿女相婚配的亲戚关系。
12 可资谈助：可以作为谈资，话题。

白的像玛瑙。端午前后,枇杷。夏天卖瓜。七八月卖河鲜:鲜菱、鸡头[13]、莲蓬[14]、花下藕。卖马牙枣、卖葡萄。重阳[15]近了,卖梨:河间府的鸭梨、莱阳的半斤酥,还有一种叫做"黄金坠子"的香气扑人个儿不大的甜梨。菊花开过了,卖金橘,卖蒂部起脐子的福州蜜橘。入冬以后,卖栗子、卖山药(粗如小儿臂)、卖百合(大如拳)、卖碧绿生鲜的檀香橄榄。

他还卖佛手[16]、香橼[17]。人家买去,配架装盘,书斋[18]清供[19],闻香观赏。

> 为什么深居简出的人,看到叶三送来的果子才会想起现在是什么时令?

不少深居简出[20]的人,是看到叶三送来的果子,才想起现在是什么节令了的。

---

13 鸡头:俗称鸡头米,学名芡实,是一种水生植物的种子,可以食用,类似莲子。
14 莲蓬(liánpeng):莲花的花托,形状像碗状的淋浴喷头,里面有可食用的莲子。
15 重阳(Chóngyáng):每年的农历九月初九,中国重要传统节日之一。庆祝重阳节的活动一般包括出游赏景、登高远眺、观赏菊花、吃重阳糕、饮菊花酒等。
16 佛手(fóshǒu):香橼的变种,果实黄色,底部圆形,上部开裂,状如手指,故名佛手。通常用作中药,因果形奇特,而作为观赏植物,有香气。
17 香橼(xiāngyuán):一种观赏植物,还可作中药。果实长圆形,黄色。
18 书斋(zhāi):文人读书写字作画的房间。
19 清供:室内放置在案头供观赏的物品摆设,主要包括各种盆景、插花、时令水果、奇石、工艺品、古玩、精美文具等,可以为厅堂、书斋增添生活情趣。清供也是中国画中的常见题材。
20 深居简出:待在家里很少出门。

叶三卖了三十多年果子，他的两个儿子都成人了。他们都是学布店的，都出了师了[21]。老二是三柜，老大已经升为二柜了。谁都认为老大将来是会升为头柜[22]，并且会当管事的。他天生是一块好材料。他是店里头一把算盘[23]，年终结总时总得由他坐在账房里哗哗剥剥打好几天。接待厂家的客人，研究进货（进货是个大学问，是一年的大计，下年多进哪路货，少进哪路货，哪些必须常备，哪些可以试销，关系全年的盈亏[24]），都少不了他。老二也很能干。量尺、撕布（撕布不用剪子开口，两手的两个指头夹着，借一点巧劲，嗤——的一声，布就撕到头了），干净利落。店伙的动作快慢，也是一个布店的招牌。顾客总愿意从手脚麻利[25]的店伙手里买布。这是天分，也靠练习。有人就一辈子都是迟钝笨拙，改不过来。不管干哪一行，都是人比人，这是没有办法

> 叶三有几个儿子？他们的职业是什么？

> 用三个形容词形容他们干活的特点。

21　出师：指完成了从师学艺，离开师父自己做事。
22　头柜、二柜、三柜：是旧时商店的掌柜（经理）职务的级别。
23　算盘：中国古代的计算工具。常搭配量词"把"。这里指老大精于计算。
24　盈亏（yíngkuī）：盈利和亏损。
25　手脚麻利：指反应快，做事迅速，不拖拉。

的事。弟兄俩都长得很神气，眉清目秀，不高不矮。布店的店伙穿得都很好。什么料子时新，他们就穿什么料子。他们的衣料当然是价廉物美[26]的。他们买衣料是按进货价算的，不加利润[27]；若是零头[28]，还有折扣。这是布店的规矩，也是老板乐为之的[29]，因为店伙穿得时髦，也是给店里装门面[30]的事。有的顾客来买布，常常指着店伙的长衫或翻在外面的短衫的袖子："照你这样的，给我来一件。"

> 这一段用很多文字来介绍叶三的儿子的职业，你认为有必要吗？

弟兄俩都已经成了家，老大已经有一个孩子，——叶三抱孙子了。

> 为什么儿子们不让他去卖果子了？

这年是叶三五十岁整生日，一家子商量怎么给老爷子做寿[31]。老大老二都提出爹不要走宅门卖果子了，他们养得起他。

---

26 价廉物美：价格便宜，质量好。
27 利润：经营活动中赚到的钱。
28 零头：这里指不够一个计量单位，余下的布。
29 乐为之的：乐意做的。
30 装门面：看上去气派，使人感到有面子。
31 做寿：给老年人庆祝生日。

叶三有点生气了：

"嫌我给你们丢人？两位大布店的'先生'，有一个卖果子的老爹，不好看？"

儿子连忙解释：

"不是的。你老人家岁数大了，老在外面跑，风里雨里，水路旱路，做儿子的心里不安。"

"我跑惯了。我给这些人家送惯了果子。就为了季四太爷一个人，我也得卖果子。"

季四太爷即季匋民。他大排行是老四，城里人都称之为四太爷。

"你们也不用给我做什么寿。你们要是有孝心，把四太爷送我的画拿出去裱³²了，再给我打一口寿材³³。"这里有这样一种风俗，早早就把寿材准备下了，为的讨个吉利³⁴：添³⁵福添寿。于是就都依了他。

叶三还是卖果子。

> 叶三同意儿子的建议吗？

> 叶三卖果子的主要原因是什么？

> 叶三想要的生日礼物是什么？

---

32 裱（biǎo）：用纸或丝织物对书法、绘画等作品加以衬托装饰。装~｜~画。

33 寿材：棺材（多指生前准备的）。

34 讨个吉利：认为做某些事可以带来好运。如过年发红包、放鞭炮等。

35 添（tiān）：增加。

他真是为了季匋民一个人卖果子的。他给别人家送果子是为了挣钱,他给季匋民送果子是为了爱他的画。

季匋民有一个脾气[36],一边画画,一边喝酒。喝酒不就菜,就水果。画两笔,凑着壶嘴喝一大口酒,左手拈[37]一片水果,右手执笔接着画。画一张画要喝二斤花雕[38],吃斤半水果。

> 季匋民画画时有什么习惯?

叶三搜罗[39]到最好的水果,总是首先给季匋民送去。

> 为什么叶三找到好果子先给季匋民送去?

季匋民每天一起来就走进他的小书房——画室。叶三不须通报,由一个小六角门进去,走过一条碎石铺成的冰花曲径[40],隔窗看见季匋民,就提着、捧着他的鲜果走进去。

> 为什么叶三进季匋民家不需要通报?

"四太爷,枇杷,白沙的!"

"四太爷,东墩的西瓜,三白!——这种三白瓜有点梨花香味,别处没有!"

---

36 脾气:这里指习惯、性格。
37 拈(niān):用手指夹取。~轻怕重。
38 花雕(huādiāo):一种绍兴产的上等黄酒,因用雕花的坛子装盛而得名。
39 搜罗:到处寻找,收集到一起。
40 曲径(qūjìng):弯曲的小路。

第四课　鉴赏家

　　他给季匋民送果子，一来就是半天。他给季匋民磨墨、漂朱䚗[41]、研石青石绿[42]、抻[43]纸。季匋民画的时候，他站在旁边很入神地看，专心致意，连大气都不出。有时看到精彩处，就情不自禁地深深吸一口气，甚至小声地惊呼起来。凡是叶三吸气、惊呼的地方，也正是季匋民的得意之笔。季匋民从不当众作画，他画画有时是把书房门锁起来的。对叶三可例外，他很愿意有这样一个人在旁边看着，他认为叶三真懂，叶三的赞赏是出于肺腑[44]，不是假充内行，也不是谀媚[45]。

　　季匋民最讨厌听人谈画。他很少到亲戚家应酬[46]。实在不得不去的，他也是到一到，喝半盏[47]

> 叶三给季匋民送果子为什么要花半天时间？

> 季匋民喜欢当众作画吗？

> 他为什么愿意在叶三面前作画？

> 季匋民为什么讨厌听人谈画？

41　漂朱䚗（piǎo zhūbiāo）：漂，用水冲去杂质。朱䚗是一种介于红色与橙色之间的中国画颜料，从另一种颜料朱砂（一种矿砂）中漂洗和沉淀后提取最上面一层而得。

42　研石青石绿：研，磨。石青石绿：国画的一种青色和蓝色，来自于蓝铜矿（青金石）和孔雀石，需要人工研磨、淘洗才能获得。中国画的许多颜料来自于矿物和植物。

43　抻（chēn）：拉平。

44　肺腑（fèifǔ）：内心深处。发自～。

45　谀媚（yúmèi）：为了讨好别人而说一些过分赞美的话。

46　应酬（yìngchou）：交际来往，参加宴会、聚会等活动。

47　盏（zhǎn）：小杯子。酒～｜茶～。

茶就道别。因为席间必有一些假名士高谈阔论[48]，因为季匋民是大画家，这些名士就特别爱在他面前评书论画，借以卖弄[49]自己高雅博学。这种议论全都是道听途说[50]，似通不通。季匋民听了，实在难受。他还知道，他如果随声答音，应付几句，某一名士就会在别的应酬场所重贩[51]他的高论，且说："兄弟此言，季匋民亦深为首肯[52]。"

但是他对叶三另眼相看[53]。

季匋民最佩服[54]李复堂[55]。他认为扬州八怪[56]里复堂功力最深，大幅小品都好，有笔有墨[57]，也奔放，也严谨，也浑厚，也秀润，而且不装模作

48　高谈阔论：发表一些不切实际的看法，多包含贬义。
49　卖弄：故意表现自己的本领和能力。
50　道听途说：路上听来的话。指没有根据的传闻。
51　重贩（chóngfàn）：重新贩卖，买来后再次向别人售卖。
52　首肯：点头同意。
53　另眼相看：不用一般的眼光来看，比喻特殊对待。一般是指较好的对待。
54　佩服（pèifú）：赞赏、钦佩、信服。
55　李复堂：即李鱓，号复堂，又号懊道人。他是清朝康熙年间的举人，擅长作画，自成风格。
56　扬州八怪：是中国清代中期活动于扬州地区的一批风格相近的书画家，共金农、郑燮、黄慎、李鱓、李方膺、汪士慎、罗聘、高翔等八位，或称扬州画派。
57　有笔有墨：有笔，能看出笔势笔锋的变化；有墨，墨色变化丰富。

52

样，没有江湖气[58]。有一天叶三给他送来四开李复堂的册页[59]，使季匋民大吃一惊：这四开册页是真的！季匋民问他是多少钱买的，叶三说没花钱。他到三垛贩果子，看见一家的柜橱的玻璃里镶[60]了四幅画，——他在四太爷这里看过不少李复堂的画，能辨认，他用四张"苏州片"[61]跟那家换了。"苏州片"花花绿绿的，又是簇新[62]的，那家还很高兴。

叶三只是从心里喜欢画，他从不瞎评论。季匋民画完了画，钉在壁上，自己负手[63]远看，有时会问叶三：

"好不好？"

> 为什么季匋民对叶三送来的李复堂的画大吃一惊？

> 叶三是怎样得到这些画的？

> 这件事说明了什么？

> 叶三经常主动评论画吗？

58　江湖气：过去人们把走南闯北、来往各地谋求生活的卖艺者叫作"走江湖的"。"江湖气"在这里即指流行的艺术风气。为了生存，艺术家不得不根据大众的喜好或流行的审美来创作。季匋民认为李复堂并不追随别人，而是有自己的艺术风格和艺术追求。

59　册页：折起来装订成册的字画。

60　镶（xiāng）：把物体嵌入另一物体内或加在周边。~嵌｜~牙｜~边。

61　苏州片：仿旧的画，多为工笔花鸟，设色娇艳，旧时多为苏州画工所作，行销各地，故称"苏州片"。苏州片也有仿制得很好的，并不俗气。

62　簇（cù）新：崭新、全新。

63　负手：把双手放在背后。

"好!"

"好在哪里?"

> 叶三的评论有什么特点?

叶三大都能一句话说出好在何处。

季匋民画了一幅紫藤,问叶三。

叶三说:"紫藤里有风。"

"唔!你怎么知道?"

"花是乱的。"

"对极了!"

季匋民提笔题了两句词:

"深院悄无人,风拂紫藤花乱。"

季匋民画了一张小品,老鼠上灯台。叶三说:"这是一只小老鼠。"

"何以见得?"

> 这些例子说明了什么?

"老鼠把尾巴卷在灯台柱上。它很顽皮。"

"对!"

> 荷花在中国文化里有什么样的意义和地位?

季匋民最爱画荷花。他画的都是墨荷[64]。他佩服李复堂,但是画风和复堂不似。李画多凝重,

64　墨荷:只用墨在白纸上画出来的荷花。

季匋民飘逸。李画多用中锋[65]，季匋民微用侧笔[66]，——他写字写的是章草[67]。李复堂有时水墨淋漓，粗头乱服[68]，意在笔先[69]；季匋民没有那样的恣悍[70]，他的画是大写意，但总是笔意俱到，收拾得很干净，而且笔致疏朗，善于利用空白。他的墨荷参用了张大千[71]，但更为舒展。他画的荷叶不勾筋[72]，荷梗不点刺[73]，且喜作长幅，荷梗甚长，一笔到底。

> 季匋民画的荷花有什么特点？

有一天，叶三送了一大把莲蓬来，季匋民一高兴，画了一幅墨荷，好些莲蓬。画完了，问叶三："如何？"

叶三说："四太爷，你这画不对。"

"不对？"

> 为什么叶三说季匋民画得不对？

---

65 中锋：笔杆垂直，画笔画时线条两边齐平，圆润饱满。

66 侧笔：书法上指用笔取侧势，斜中求正的一种书写形式。

67 章草：由隶书字体发展而来的草书字体。

68 粗头乱服：头发蓬乱，衣着随便。形容仪容服饰不讲究。这里指画风粗犷，自由恣肆。

69 意在笔先：指写字画画或文章创作，先构思成熟，然后下笔。

70 恣悍（zìhàn）：随性有力，无拘无束。

71 张大千（1899—1983）：中国泼墨画家，书法家。特别在山水画方面卓有成就。

72 不勾筋：不勾勒荷叶的叶脉。

73 不点刺：这里指不画荷茎上的毛刺。

> "'红花莲子白花藕'[74]。你画的是白荷花,莲蓬却这样大,莲子饱,墨色也深,这是红荷花的莲子。"

> "是吗?我头一回听见!"

季匋民于是展开一张八尺生宣[75],画了一张红莲花,题了一首诗:

> "红花莲子白花藕,
> 果贩叶三是我师。
> 惭愧画家少见识,
> 为君破例著胭脂[76]。"

季匋民送了叶三很多画。——有时季匋民画了一张画,不满意,团[77]掉了。叶三捡起来,过些日子送给季匋民看看,季匋民觉得也还不错,就略改改,加了题,又送给了叶三。季匋民送给叶三的画都是题了上款[78]的。叶三也有个学名。他

季匋民知道荷花的生长特点吗?

季匋民这首诗表达了什么意思?

这件事说明了什么?

季匋民为什么要给叶三起字?

---

74 红花莲子白花藕:开红花的荷花,结出的莲子饱满而味美,但花下的藕却没有什么食用性;开白花的荷花,结出的莲子没有食用性,而莲子下面的藕更好吃。所以,一般来说,红莲花比白莲花的莲蓬更加饱满和硕大。
75 生宣:是没有经过加工的宣纸,吸水性和沁水性都强。
76 胭脂(yānzhī):一种可以用于化妆和国画的红色颜料。
77 团:这里作动词,揉成一团。
78 题了上款:中国画如果送人,常常会在画的右上角写上赠词。

五行缺水[79]，起名润生。季匋民给他起了个字，叫泽之[80]。送给叶三的画上，常题"泽之三兄雅正"。有时径题[81]"画与叶三"。季匋民还向他解释：以排行称呼，是古人风气，不是看不起他。

有时季匋民给叶三画了画，说："这张不题上款吧，你可以拿去卖钱，——有上款不好卖。"

叶三说："题不题上款都行。不过您的画我不卖。"

"不卖？"

"一张也不卖？"

他把季匋民送他的画都放在他的棺材里。

十多年过去了。

季匋民死了。叶三已经不卖果子，但是他四季八节，还四处寻觅鲜果，到季匋民坟上供[82]一供。

> 叶三的学名为什么叫"润生"？
>
> 为什么季匋民要向叶三解释"画与叶三"？
>
> 季匋民为什么要送叶三许多画，并让他拿去卖钱？
>
> 叶三为什么不卖画？
>
> 季匋民死后，叶三的生活有什么变化？

---

79 五行缺水：五行，是指木、火、土、金、水。中国古代哲学认为宇宙由这五种要素相生相克衍生变化所构成。人的命运应该是这五种元素的均衡，如果缺了哪一种，就要在姓名、配饰、居所物品等方面补救。

80 泽之：古人的名和字是分开的，在成年后，名只供长辈和自己称呼，而字才是供社会上的人来尊称自己的。叶三没有字，季匋民为了尊称他，特意给他起了字。

81 径（jìng）题：直接题词。

82 供（gòng）：把酒水、食品或鲜花、香炉等摆在逝者坟前或灵位前，表达敬意与怀念。

季匋民死后,他的画价大增。日本有人专门收藏他的画。大家知道叶三手里有很多季匋民的画,都是精品。很多人想买叶三的藏画。叶三说:

"不卖。"

有一天有一个外地人来拜望叶三,叶三看了他的名片,这人的姓很奇怪,姓"辻[83]",叫"辻听涛"。一问,是日本人。辻听涛说他是专程来看他收藏的季匋民的画的。

因为是远道来的,叶三只得把画拿出来。辻听涛非常虔诚[84],要了清水洗了手,焚[85]了一炷香,还先对画轴[86]拜了三拜,然后才展开。他一边看,一边不停地赞叹:

"喔!喔!真好!真是神品!"

辻听涛要买这些画,要多少钱都行。

叶三说:

"不卖。"

---

83 辻(shí):中文意为"十字路口",多用于日本姓名中。
84 虔诚(qiánchéng):恭敬而有诚意。
85 焚(fén)香:点香,烧香。古人有观画时焚香的风俗,可以创造一种幽静风雅的氛围。
86 画轴(zhóu):中国画经过装裱,两端都有木质的圆柱作为画卷的支撑,常依托画轴卷成一卷收藏。

辻听涛只好怅然[87]而去。

叶三死了。他的儿子遵照父亲的遗嘱[88]，把季匋民的画和父亲一起装在棺材里，埋了。

> 季匋民的画最后去了哪里？

一九八二年二月二十八日

赏析：

这篇小说创作于 20 世纪 80 年代，写的却是 20 世纪上半叶的生活。这篇小说勾勒出那个年代所特有的中国传统的生活气息：文人墨客与水果商贩在艺术上相知相惜的友谊；踏实勤奋的布店伙计的奋斗轨迹；即使是贩卖水果也能卖到一种专业的境界。人与人之间的往来是充满信任的，生活的节奏是悠闲的，就连艺术与生活之间也是相互协调的。可惜这些东西在我们的时代已经失落了，它表达的是一种生活的理想和精神。

小说刻画的"鉴赏家"叶三的形象尤为光彩，他出身低微，却精于本行，颇具艺术鉴赏才能。他身上有一种迷人的精神气质，他家境不富，却淡泊名利。他坚持不退休，因为享受自己的工作；他不卖季匋民的画作，因为真的欣赏艺术。他不是一个一天到晚只为了挣钱"谋生"的人，而是一个懂得享受人生的人。他不仅是艺术的鉴赏家，也是一个生活的鉴赏家。这正是作者所欣赏的中国人的理想的精神气质。

---

87 怅（chàng）然：不痛快的样子，因不如意而感到失落。
88 遗嘱：指人在生前或临终告诉亲友应该如何处理死后各事的话语或文字。

练 习

一、判断对错

1. 买叶三果子的人很多。　　　　　　　　　　　　　　（　　）
2. 叶三是走街串巷卖果子的。　　　　　　　　　　　　（　　）
3. 人们买叶三的果子时不讨价还价。　　　　　　　　　（　　）
4. 大多数买果子的人家马上就给钱。　　　　　　　　　（　　）
5. 叶三的果子总是最新鲜的。　　　　　　　　　　　　（　　）
6. 叶三到外面采购果子的时间比他卖果子的时间还多。（　　）
7. 叶三的身体很健康，他也很享受他的职业。　　　　（　　）
8. 叶三除了卖吃的果子，还卖一些放在家里摆设的果品。（　　）
9. 叶三的两个儿子都在布店里工作。　　　　　　　　（　　）
10. 叶三的儿子不让他去卖果子了，嫌这个职业没面子。（　　）
11. 叶三想要的五十岁生日礼物是一口寿材。　　　　　（　　）
12. 叶三是为了季匋民一个人卖果子的，因为他给的钱最多。（　　）
13. 季匋民喜欢叶三看他作画。　　　　　　　　　　　（　　）
14. 季匋民不喜欢听人谈画。　　　　　　　　　　　　（　　）
15. 叶三用几张新画换了人家几幅珍贵的真品。　　　　（　　）
16. 叶三从不主动评论画。　　　　　　　　　　　　　（　　）
17. 季匋民很赞同叶三对画的评论。　　　　　　　　　（　　）
18. 叶三有一次当了季匋民的老师。　　　　　　　　　（　　）
19. 季匋民送给叶三很多画。　　　　　　　　　　　　（　　）
20. 季匋民死后，他的画很值钱，叶三卖掉画后，成了大富翁。（　　）

二、把每组中意思相近的两个词语圈出来

1. 干净利落　价廉物美　手脚麻利
2. 搜罗　寻觅　重贩

3. 首肯　同意　佩服
4. 应酬　应该　交际
5. 卖弄　高谈阔论　道听途说
6. 盈利　利润　零头
7. 脾气　肺腑　性格
8. 出师　毕业　离开

三、连线：将季节与对应的果子连在一起

春季　　　　鸭梨　蜜橘
夏季　　　　栗子　山药
秋季　　　　莲蓬　葡萄
冬季　　　　萝卜　樱桃

四、解释课文中画 ～～～ 的部分

五、思考与讨论

1. 这篇小说的中心人物是谁？
2. 小说用很多笔墨写叶三的两个儿子，你认为有必要吗？
3. 你知道中国文化中关于"知音"和"高山流水"的故事吗？
4. 对比这个故事里描写的生活和当代生活，有什么不一样？你更喜欢哪一种？为什么？

六、概述故事，400字左右

七、课堂活动：分组，把课文中的故事表演出来

第五课　洗　尘[1]

笛　安[2]

【课前热身】

1. 在你的家乡，有些什么忌讳？
2. 你做过什么对不起别人的事吗？事后你向对方道过歉或者做过什么补偿吗？
3. 如果对方并不知道，你还会告诉他吗？为什么？
4. 你觉得把歉意放在心里好不好？

> 为什么不该六个人一桌吃饭？

> 为什么每个人只有在小的时候，才会问"为什么"？

按道理讲，请客吃饭，一张桌子上不应该有六个人。连主人带宾客，五个人可以，七个人也没有任何问题，可是一直以来，龙城人的确有个说法，一张宴席的饭桌，六个人围着坐，有些不妥[3]。没人说得清究竟哪里不妥，于是这个规矩就这样流传着。每个人只有在小的时候，才会问"为什么"。

---

1 洗尘：请刚从远道而来的人吃饭。接风～。
2 笛安（1983—　）：女，父母均是当代著名作家。2002年赴法留学，在巴黎索邦大学学习社会学，2009年获得硕士学位。著有长篇小说《告别天堂》《芙蓉如面柳如眉》等，短篇小说集《妩媚航班》，获第八届"华语文学传媒大奖"年度最具潜力新人奖。现任《文艺风赏》杂志主编。
3 不妥（tuǒ）：不合适。

可是今天这顿饭,非得六个人不可。一个主人,五个客人。虽然只要随便再拉来一个什么人,就躲闪过了那个古老的忌讳[4]——但是,还真不大方便。第一个客人走进来,他们彼此对望的时候还是有点恍惚[5],尽管他已经在心里排练[6]了很多次,他知道客人也早有准备——可是在看见彼此的那个瞬间[7],还是觉得难以置信[8],怎么已经过去了那么多年。

> 为什么今天这顿饭非得六个人不可?

> 为什么不大方便?

"你老了。"客人说,声音里似乎还夹着户外[9]的寒气。然后第一个客人又加了一句:"今天真是冷。"

"彼此彼此[10]。"他笑笑,然后又说,"你看着还好,我知道我自己变了太多。"

> "彼此彼此"是什么意思?

客人也笑:"不用这么客气。三十年,谁能不老?"

> 他和第一个客人多久没见面了?

---

4 忌讳(jìhuì):因风俗习惯或畏惧权势而觉得某些语言或行为不吉利并尽力避免。
5 恍惚(huǎnghū):神思不定、慌乱无主的样子。
6 排练:在演出前为正式演出而进行的练习。
7 瞬间(shùnjiān):一眨眼的工夫,形容时间非常短。
8 难以置(zhì)信:不容易相信,很难相信。
9 户外:室外,屋子外面。
10 彼此彼此:彼,远指代词;此,近指代词。意思是你我都一样,是中国人常说的客套话。

往下就不知道该寒暄[11]什么了。但是真维持着沉默，也不成体统[12]。说什么呢？总不能说上个月同学聚会的时候，听说你得了癌症。可是这位客人自己将外套随意地丢在一旁空着的椅子上，神色坦然[13]地说："没错，你用不着不好意思，肝癌[14]，查出来的时候就转移了，大家都知道的，没救[15]，不过习惯了就觉得也好。"他尴尬[16]地说："你能想得开就是最好的，什么也比不上能放下。"话音没落[17]，他自己也觉得这句话接得太糟糕，紧张地命令自己住嘴，顺便端起面前的茶壶想替客人倒茶，水歪歪扭扭地砸[18]到了茶杯的边缘上，像条可怜的瀑布，一分为二了，小小的一股[19]流进了杯底，更多的顺着杯壁浸润[20]

> 为什么他感觉尴尬？

> 为什么他倒不好一杯茶？

---

11 寒暄（hánxuān）：问寒问暖。现在多泛指见面时谈天气之类的应酬话。
12 不成体统：体统，规矩。不合规矩，不合礼节。
13 坦然：表情平静。
14 癌（ái）：恶性肿瘤引起的疾病的统称。
15 没救：没办法救。
16 尴尬（gāngà）：不自然的样子，多因处境困难，难以应付。
17 话音没落（luò）：说话的声音还没停下来。
18 砸（zá）：重物掉落在物体上，或用重物撞击。
19 股（gǔ）：量词。一～水流｜一～香气｜一～劲儿｜一～敌人。
20 浸润（jìnrùn）：因液体浸透而使物体湿润。

到了桌布上。他突然笑了起来——见鬼了,可是他控制不了这个笑,渐渐地,笑得前仰后合了起来,他只好尽力修改一下笑声,企图[21]笑出些自嘲[22]的味道。

> 为什么要笑出自嘲的味道?

还好客人也跟着朗声[23]大笑了。他们就这样对着笑了一阵子,<u>茶杯在颤抖的笑声里被危险地斟[24]满了</u>。第二个客人进来的时候,就只好莫名其妙地看着他们,似乎觉得既然已经这样了,他初来乍到[25],不跟着笑有些失礼[26],但实在不知道这二位在笑什么,所以只能挂着一个<u>对于应酬来说太温暖些了的微笑</u>,等到室内重新恢复寂静的时候,第二位客人用一种轻手轻脚,过于谨慎的姿势走到他们俩跟前,拿走了那个摸上去还烫着的茶壶。

> 画线的两个句子分别是什么意思?

"这院子景致[27]不错。"第二位客人选了一个

---

21 企图(qǐtú):试图,想要,打算。
22 自嘲:自己嘲笑自己。
23 朗声:大声。
24 斟(zhēn):往杯盏里倒饮料。~茶|~酒。
25 初来乍到(chūlái-zhàdào):刚刚来到。
26 失礼:不合礼节,不礼貌。
27 景致(jǐngzhì):风景,风光。

| 选择离门最近的位子意味着什么？ | 离门最近的位子，安静坐下来。他须发[28]皆白，是个耄耋老者[29]。

"我也是找了好久，才找到这个地方。视野很好，正好能看见一整面山坡。春天的时候，花全开了，才最好看。"主人终于恢复了正常的神色，"好久不见，沈老师。"

"是不是该介绍一下？"第一位客人看着他。

"沈老师。我初中时候的班主任。教我们数学。"主人转了一下脸，"这位是……"

"鄙[30]姓曲，沈老师，曲陆炎。我是他的大学同学。"面对老者，第一位客人的眉宇[31]间有种自然而然的恭顺[32]。

"大学。"第二位客人神色似有些复杂，"你去上大学的那年，正好是若梅……"

"1977年。"主人打断了第二位客人，"沈老师，若梅怎么没和您一起来。"

28　须发：胡须和头发。
29　耄耋（màodié）老者：高龄的老人。
30　鄙（bǐ）：鄙，低下。谦虚的自称，这里是在尊敬的长者面前称呼自己。～人｜～见。
31　眉宇：两眉的上方，借指外貌、气质。
32　恭顺（gōngshùn）：恭敬顺从。

"她还是老样子,害怕跟生人[33]说话。临出门的时候,我想想还是算了。"

"若梅是沈老师的小女儿。"主人拿起茶壶,往沈老师喝了一半的茶杯里再斟了一些。

沈老师有些慌张地欠了欠身子[34]。"你不知道,"主人对第一位客人说,"沈若梅那个时候,是我们龙城出了名的美女。"

沈老师接着喝茶,眼睑[35]垂下来对着茶杯底,完全看不出表情。

"1977年的时候,她多大?"第一位客人的语气里带着"什么都明白"的洞察。

主人把菜单放在第二位客人面前:"沈老师先点菜吧,我对这儿也不熟,您喜欢吃什么,随便点。"接着扫了第一个客人一眼,看似轻描淡写[36]地说,"二十三岁。"

第一位客人笑笑:"沈老师的女儿来不了,今

> 为什么若梅没有来?

> 沈老师为什么要欠身?

> 关于沈若梅,我们知道些什么?

> 第一位客人明白些什么?

> 为什么主人说的时候"看似轻描淡写"?

---

33 生人:陌生人。
34 欠了欠身子:略微起身并向前,表示对人的尊敬。
35 眼睑(yǎnjiǎn):眼皮。
36 轻描淡写:对重要问题说得少且不充分,回避重点。

侧栏问题	正文
第一位客人知道龙城的忌讳吗？	天咱们还是只有五个人，不正好避过去你们龙城的忌讳？"

"你怎么连这个都知道——我走了这么多地方，好像真的只有龙城才有这个规矩。"主人惊诧[37]道，其实他暗自庆幸[38]话题终于可以离开若梅。

主人庆幸什么？为什么庆幸？

"你自己告诉我的。"第一位客人曲陆炎说，"有一年暑假，我跟着你回龙城玩，在你们家住了两个多星期，你妈妈还教我说了好几句龙城话，那时候，你我无话不谈。"

曲陆炎和主人以前的关系怎么样？

三十几年前，他们无话不谈。这似乎是一个不错的，用来当作故事开头的句子。

直到有一天，曲陆炎的女朋友成了他的新娘。

是什么事情使他们的关系发生了变化？

"要是今天有五个人，那再等最后两位来，就可以开席[39]了，那两位是一起的。"主人的眼睛从曲陆炎的脸上挪开，看着沈老师。

如果这件事发生在你身上，你会怎么想？

37　惊诧（jīngchà）：惊讶诧异，感到非常奇怪。
38　暗自庆幸：心里悄悄地为事情意外向着自己满意的方向发展而感到高兴。
39　开席：开始吃酒席。

"不急，不急。"沈老师笑道，"现在我们谁都不需要赶时间了，还急什么。慢慢等吧。"

> 为什么沈老师说"现在我们谁都不需要赶时间了"？

"林宛现在好吗？"曲陆炎似乎不打算继续粉饰太平[40]。林宛就是他的妻子，也是曲陆炎最初的恋人——是他们的女人。

"我也不知道。"他诚恳[41]地笑笑。

"你今天为什么要请我们吃饭？"曲陆炎看似漫不经心[42]地环顾四周。

"因为我们都死了。"主人回答，"这理由还不够么？"

> 主人为什么要请这些客人吃饭？

沈老师死了，八年前死于脑出血之后的深度昏迷；曲陆炎也死了，去年冬天死于肝癌，这是他上个月才从同学聚会上听来的；他也死了，十天前的事情，算是俗称的"尸骨未寒"[43]，死于突发性的心肌梗死[44]——他也是死了以后才知道

> 沈老师是怎么死的？什么时候？

> 曲陆炎是怎么死的？什么时候？

40　粉饰（fěnshì）太平：涂饰外表，掩盖实情，装点成平安、安宁的样子。
41　诚恳：真诚的样子。态度~。
42　漫不经心：随随便便，没有用心的样子。
43　尸骨未寒：尸体还未变冷，意思是死去不久。
44　心肌梗（gěng）死：是一种急性发作的心脏病。

> 主人因何而死？什么时候？

> 若梅是怎么死的？什么时候？

自己原来有心脏病的。沈老师的小女儿，若梅也死了。死于 1977 年。

葬礼之后，活着的人都还热热闹闹地活着；那么，死了的人也该一起吃顿饭才对。他不知道这边的世界里有没有这些习惯，只是他刚死没多久，还不适应那种寂寞。

> 你知道中国宴席的上菜顺序吗？

> 活着的时候，主人会请曲陆炎吃饭吗？

主人推开门，招呼走廊上的服务生："上凉菜吧，也把酒打开。"然后，他回过头，对曲陆炎说，"我知道，你心里肯定想过，到死也不再跟我说话。可现在大家都已经死了，所以，我们可以坐下来吃顿饭了。"

曲陆炎笑了："没错，自从死了以后，我就不恨你了。"

> 现在喝酒和以前有什么不一样？

主人摆摆手："不提这些，恨不恨的，跟死活也没关系。我们今天不醉不归。你多久没好好喝酒了？反正你现在用不着再担心肝脏。""我倒是没那么馋[45]。"沈老师笑道，"活着的时候整天偷着喝酒，现在想怎么喝就怎么喝，反倒没什么意

45　馋（chán）：特别想吃某种食物。嘴~｜~嘴。

思。"

他在1977年的那个傍晚,最后一次看见若梅。若梅穿着一件很旧的白色衬衣,上面隐隐地撒着一些看不出色泽[46]的碎花,深蓝色的布裤子——满大街的女孩都会这么穿,但是到了她这里就有了种袅娜[47]。她在通往他们母校的街口徐徐地[48]转过身,对他漫不经心地笑笑:"你是不是也去考大学了?"若梅的眼睛直视着他的脸,语气横冲直撞[49]——那时他早已听说了若梅的病,人们早就在传的,病是生在脑袋里,说是心里,也对——总之,根治[50]是不大可能的,跟她多说几句话就能发现她不对头,可惜了,一个那么美的姑娘。已经是红颜了,估计也只好薄命。[51]

他依然把若梅当成了一个正常人。他告诉她,没错,参加了高考,并不是只有他一个人,好些

> 若梅有什么毛病?他知道吗?

> 他为什么依然把若梅当成了一个正常人?

---

46 色泽(zé):颜色和光亮。
47 袅娜(niǎonuó):书面语,形容女子体态轻盈柔美。
48 徐徐地:慢慢地。
49 横冲直撞:乱冲乱闯,这里形容行为或言语不合规矩,冒犯对方。
50 根治:从根本上治好。~疾病|~水灾。
51 红颜薄(bó)命:红颜,少女美丽的容颜。薄命,命运不好。指美貌女子遭遇不幸。

人都参加了,那谁,那谁,还有谁谁谁;有谁去了北京,有谁考上了名校,又有谁意外地被分配到了某些在他们眼里非常浪漫的远处;而他自己,还行吧,<u>接纳他的那所大学没那么显赫[52]也没那么传奇,不过好歹[53]是所[54]有根基的老学校</u>——聊的都是沈老师过去的学生,若梅全都认得的。他站在那个黄昏里跟若梅聊了足足半个小时,历数[55]所有考上了大学,即将开始全新生活的故人[56]们。他是故意的。曾经,沈若梅心比天高[57],没兴趣正眼瞧他们。他自认为也在注意自我克制[58],并没有在这个患了精神病的女孩子面前炫耀[59]他们的锦绣前程[60]——若梅安静地听,听完了,嫣然[61]

> 他和若梅都谈了些什么?

---

52 显赫(xiǎnhè):名声大,地位高。
53 好歹:多用于口语。表示凑合,将就,勉强可以接受。
54 所:量词。一~学校。
55 历数:一个一个地提出来说,一一列举。
56 故人:指过去熟识的人。
57 心比天高:心里非常骄傲,看不起自己身边的一切,总认为自己会超越目前的命运。
58 克制:控制自己。
59 炫耀(xuànyào):卖弄,夸耀。
60 锦绣前程(jǐnxiù-qiánchéng):锦绣,美丽的绸缎。前面的道路非常美好,比喻未来充满希望。
61 嫣然(yānrán):形容女子娇媚美好的笑容。

一笑:"真好呀,真好。"他略[62]带错愕[63]地望着她潋滟[64]的笑容,心想她果然是脑子有问题了,居然如此心无杂念[65]地替别人欢笑着。

> 若梅有什么反应?
>
> 他为什么感到"错愕"?

就在那天晚上,若梅跳了楼。

> 他和若梅的这次谈话与若梅的死有关系吗?

他跟沈老师碰了一杯,他说:"沈老师,我们不劝酒[66],大家随意。"沈老师沉默着也举起杯,在半空中停滞了一瞬,表情庄重,这一瞬也因此有了风骨[67]。与沈老师的这一杯,他一饮而尽[68]。他早就想好了,微醺之际[69],告诉沈老师有关那个黄昏的事情。为什么要告诉他呢?肯定不是道歉,并不是他的错,至少他不是存心[70]的。他只是想稍微挫[71]一下那个女孩的骄傲。因为她也曾经深深地挫败过他的傲气。她那么美,这对他本身就

> 为什么他要在"微醺之际"告诉沈老师那个黄昏的事情?
>
> 他想对沈老师说什么?

---

62 略(lüè):稍微。
63 错愕(cuò'è):出乎意料而感到吃惊。
64 潋滟(liànyàn):水波荡漾、水光明亮的样子,这里形容笑容明艳。
65 心无杂念:心里没有别的念头。
66 劝酒:中国人喜欢在酒席上劝别人多饮酒,喝得越多表示感情越深。
67 风骨(fēnggǔ):褒义词,风格,骨气。这里指风度、气质。
68 一饮而尽:一口气喝完。
69 微醺(xūn)之际:微微有些醉意的时候。
70 存心:故意。
71 挫(cuò):压下去,使降低。

是伤害。一个人只有在喝多了的时候才能清晰地表达出这些。

只是他不知道，死人是不会醉的。

客人们还没告诉过他这件事。"活人"和"死人"之间的区别有很多，千杯不醉只是其中之一。其实也不用刻意说明，当死人当久了，自然都会知道的。

和曲陆炎碰杯的时候，他认真地思索了一下，要不要说一句，对不起。可是终究[72]说不出口。曾经他说过的，他和林宛都说过一千次，不过这种事，即便曲陆炎当真说了"没关系，算了"，他们也承受不起。刚毕业的那些年，旧日的同学们同仇敌忾[73]地孤立了他和林宛，他们二人也知趣[74]地不和大家联络。可是多年过去，曲陆炎在同学圈子里始终销声匿迹[75]，同学们跟他们

> 他最终有可能说出来吗？为什么？

> 为什么他对曲陆炎说不出"对不起"？

> 主人夫妇与同学之间的关系这些年有什么变化？

72　终究（zhōngjiū）：终归，到最后。
73　同仇敌忾（tóngchóu-díkài）：共同仇恨敌人，这里指同学们全体一致地把他们当作敌人来对待。
74　知趣：知道根据别人对自己的看法来调整自己的行为，不惹人讨厌。
75　销声匿迹（xiāoshēng-nìjì）：指隐藏起来，不公开露面。

逐渐恢复了走动[76]，尤其是——当他们俩的孩子和同学们的孩子渐渐长大的时候，他们不知不觉有了太多共同的烦恼和困惑。于是后来，曲陆炎反倒成了大家眼中，那个不那么懂事的人。所谓人走茶凉[77]，说的大概就是这个。

> 曲陆炎和同学的关系怎么样？你能理解吗？
>
> 怎么理解"懂事"和"人走茶凉"？

沈老师装作对他和曲陆炎之间那些细微的尴尬浑然不觉[78]，坐在那里细细端详[79]着上来的六道凉菜，似乎是在从色泽品评着厨子的水准[80]。沈老师一直都是个生活得细致的人。他似乎记得，某个火热的夏天里，校园里满墙的大字报，有一张是骂沈老师的，罪状是他家里的书架上，若干年前有一本撕了封面的，1949年版的《雅舍小品》，

> 沈老师知道他与曲陆炎之间的尴尬吗？

---

76 走动：相互往来，这里指同学们和他们逐渐恢复了关系。
77 人走茶凉：人一走，茶就凉。比喻一个人离开了某个地方、某些人，就失去了对那个地方和那些人的影响力。
78 浑然不觉：完全没有感觉到。
79 端详（duānxiáng）：仔细认真地看。
80 水准：水平。

> 为什么说沈老师生活得很细致?

作者是一个名叫梁实秋[81]的反动文人。那里面有些写怎么吃东西的散文,被沈老师翻得很旧。

"沈老师,您不用客气,先尝两样小菜下酒。"他招呼[82]着。

"那不用。"沈老师摇头,"我吃点蚕豆[83]就行。别的菜,动了不好的。"随后沈老师解围[84]似地说,"这家馆子水准好像还不错。比好多人间的馆子都强。不过想想也没错,有水准的厨子们就算是死了,不做菜,也太闷了。"

> 沈老师为什么要"解围"?

"你们这些年过得好不好?"他听见了曲陆炎的问题,语气平缓。

"还行。就是孩子不争气[85]。是个男孩子,淘气[86]得很。"他微笑。

---

81 梁实秋(1903—1987):中国著名的散文家、学者、文学批评家、翻译家,1923年8月赴美留学,获哈佛大学文学硕士学位。其散文集创造了中国现代散文著作出版的纪录,《雅舍小品》是他的散文代表作。他擅长以轻松幽默的文风谈论生活中的话题,如美食、男人、女人、老年等。他是中国国内第一个研究莎士比亚的权威,译有《莎士比亚全集》等。

82 招呼(zhāohu):这里指招待客人,请客人喝茶、吃菜、饮酒,说一些客套话等。

83 蚕豆(cándòu):中国人常吃的一种豆类,可作主食,也是小菜。

84 解围:多指帮助他人从不好的处境中解脱出来。

85 争气:立志向上,努力争取。

86 淘气:小孩子顽皮。

"我知道。"曲陆炎说。

他怔了怔[87]，不大明白曲陆炎知道他和林宛有个男孩，还是知道那孩子很不争气。不过他决定不追究[88]这个了，他无奈地笑："现在不同了，我一走，他就得学会顶门立户[89]。"

"这个我懂。"曲陆炎挪动了一下身下的椅子，"我唯一安慰的，其实也是——我看着我女儿嫁了人，在澳洲安了家，她过得不错，我就放心了。"

"你比我有运气。"他说的是真心话。

最后两位客人终于来了。服务生把他们领进包间的时候，看得出压抑[90]在脸上的惊讶。

> 从主人和曲陆炎的对话中，我们可以知道些什么？

那是一对夫妻。丈夫没有双臂，将用旧了的拐杖[91]夹在腋窝[92]下面，用一种看起来危险的平衡支撑自己行走，那是经年累月[93]跟自己的残肢磨

> 最后两个客人是谁？

87　怔（zhèng）：发愣，发呆。
88　追究：追查原因。
89　顶门立户：自己靠自己，养活自己和家里。
90　压抑（yāyì）：用力控制。
91　拐杖（guǎizhàng）：走路时支撑身体的手杖。
92　腋窝（yèwō）：手臂与肩膀连接处，下面凹进去的部分。
93　经年累月（jīngnián-lěiyuè）：形容经历的时间十分长久。

> 他们为什么令人惊讶?

> 从丈夫的衣着可以看出什么?

> 为什么妻子的表情很奇怪?

合出来的默契[94]。他用一个夸张的角度,将额头[95]远远地放在残臂上,乍一看[96]以为他要攻击谁,其实只是略微擦擦脸上冒出的汗。<u>身上的黑色薄棉衣旧得发亮</u>,不过双臂处的确是被精心地改制过,像是真的从什么地方买到的一件双臂只有婴儿那么长的成人外套。不过这位丈夫脸上的笑尽管腼腆[97],却比他的妻子坦然。妻子倒是四肢健全,微胖,手指短而粗,半长的头发草草梳了个马尾,满脸惊诧,似乎不知道该把自己的身体放在哪儿,只好死死地抓着她男人的拐杖,抓得越紧,神情就越奇怪。

沈老师站起身来,把一把椅子拉开,招呼这丈夫坐下。曲陆炎冲着这对夫妻习惯性地伸出右手:"幸会[98]。"他对着丈夫愣了一下,把手略略移开,明确地向着妻子,妻子的眼睛在曲陆炎那

---

94 默契(mòqì):不需要说出来就能达成一致。这里指残肢和拐杖配合得很好。
95 额头(étóu):头部眉毛以上的部分,前额。
96 乍一看:一眼看上去,猛一看。
97 腼腆(miǎntiǎn):不好意思的样子。
98 幸会:应酬话,敬词,意思是见到您很荣幸。

第五课　洗　尘

只悬空[99]的手上扫了一下，就挪开了，维持着一脸呆若木鸡[100]的表情，好像因为自己的男人没有手，所以长在别的男人身上的手都不大吉利[101]。丈夫却礼貌地对着曲陆炎点头："她脑子有点慢。"丈夫周全[102]地说，"不大好见人。"

"他们是我的邻居。"主人解释道。

"快坐着。"沈老师把菜单放在离他们近些的桌面上。一阵椅子在地板上拖泥带水[103]的声响过去后，这夫妻二人好不容易坐定了。这时候妻子却不知道该把丈夫的拐杖怎么办，只好抱在怀里，像是抱着一个过于硕大[104]的宠物。拐杖斜斜地横在她胸前，有很长的一部分像个路障那样，延伸出去一个小小的斜坡，直抵墙面。曲陆炎凝神望了她一眼，用一种前所未有的耐心，弯下身子对她解释："拐杖交给我吧，我帮你放个舒服

> 怎么理解丈夫的"周全"？
>
> 他们和主人是什么关系？

99　悬空：停在空中。
100　呆若木鸡（dāiruòmùjī）：脸上表情像木头鸡一样。形容因恐惧或惊讶而发呆的神态。
101　吉利：幸运，不会遇到困难。
102　周全：周到。各方面全都考虑到、照顾到。
103　拖泥带水（tuōní-dàishuǐ）：不迅速、不干脆的样子。
104　硕大（shuòdà）：庞大，巨大。

> 为什么曲陆炎讨厌这样说话的自己?

的地方。"——看得出,他也很讨厌这样说话的自己。

主人从曲陆炎手中接过拐杖,以合适的角度靠在丈夫的椅背,丈夫轻微挥动两只短小残臂的样子虽然滑稽,可是他非常认真的社交的神情却让所有人不由自主地将他当成是二人中的领导者。丈夫的眼睛选中了沈老师,略略欠身的样子像卡通片[105]里的什么人物:"她小的时候淘气掉到水里去,差点淹死,昏了好几天,醒来以后反应就不快了。不过也是认生,跟熟人,不是这样的。"

> 妻子的脑子为什么会有问题?

"他们在我们小区门口摆水果摊。"主人淡淡地说。

> 夫妻俩的职业是什么?

"是。"丈夫补充道,"他一直都特照顾我们的生意。"说话间,左臂——准确说是左臂剩下的那一点点在他和主人之间的空气里划了一下,看上去像是抽搐[106],实际是在表示"我们"。

---

105 卡通片:英文 cartoon 的音译,动画片。
106 抽搐(chōuchù):肌肉不由自主地收缩。

第五课　洗　尘

　　两年前的夏夜，因为天气热，他们收摊也晚。他的儿子喝完大学的毕业酒回来，<u>那辆新买的车就像它的主人——那不知轻重的小王八蛋一样，直直地对着水果摊撞了过去</u>。双臂残疾的摊主当场毙命[107]。那没出息[108]的孩子吓得六神无主[109]，拿起电话打给林宛，深夜的电话机里传出的先是语无伦次[110]的说话声，跟着就被他自己的号啕大哭[111]打断了："妈，我怎么……"

　　又能怎么办。当他和林宛准备好了把半生积蓄[112]全赔进去换他的自由身的时候，却知道了残疾摊主的智障妻子，得到噩耗[113]的当晚，静静地一个人走进了小区花园的湖泊。她终究还是死在了水里。他们夫妻没有孩子，乡下来的亲戚们拿了赔偿金，懒得再去打官司[114]。这对残缺辛苦的

> 两年前发生了什么事？

> 他们准备怎么办？

> 他们夫妻俩是怎么死的？

> 这件事是怎么解决的？

107　毙（bì）命：死亡。
108　没出息：不争气。
109　六神无主（liùshén-wúzhǔ）：形容心慌意乱，拿不定主意。
110　语无伦次（yǔwúlúncì）：说话没有条理和次序。
111　嚎啕（háotáo）大哭：大声地哭。
112　半生积蓄：半辈子积攒下来的钱。
113　噩耗（èhào）：死亡的消息。
114　打官司：通过法律手段解决问题，诉讼的俗称。

> 这夫妻俩知道自己是怎么死的吗？

夫妻至死都不知道谁是肇事者[115]。丈夫根本没来得及看清楚，妻子没有弄明白整件事的能力——她不识数字，水果摊的账一直都是男人在算的，她唯一的工作就是把一颗颗水果放进秤里，直到丈夫说"可以了"。然后再把这些"可以了"的水果倒进塑料袋。但她总会对顾客笑一下，那是她唯一不需要她男人来指导，就能做好的事情。她珍惜这个。

> 为什么对他们来说这边也许是个好地方？

这边，对他们来说，也许是个好地方。

> 为什么主人会佩服自己？

"今天来的，都是我的老朋友。"主人佩服[116]自己，能如此真诚地看着那对夫妻说出这句话，"我们就是——好不容易聚起来了，一定要见个面吃一顿才行。"

> 妻子为什么让丈夫吃药？

"吃饭。"那女人突然明白了过来，然后开始掏自己的口袋，"吃饭前得吃药。"她看着主人，曲陆炎，以及沈老师的脸，看了一圈，用力地说："他血压高，得吃药。"

---

115 肇事（zhàoshì）者：造成事故的人。
116 佩服：感到赞赏和羡慕。

"现在不用吃了吧？"曲陆炎怀疑地问。

丈夫打断了他："反正她兜[117]里带着我的那瓶药，我就一直吃着，吃完了算。她不知道我们俩都死了，得慢慢跟她说。"

"无所谓说不说。"曲陆炎道，"她只要能看见你，在这边还是在那边，估计也都没什么分别。"

女人把药瓶拧开，糖衣药片是一种像交通灯一样的绿色。她不小心倒了一大捧[118]在手心里。她丈夫在旁边拖长了声音，有一点想叹气的意思："两片，两片就行了，不能这么多。"女人的手指对于那些药片来说可能过分粗大了，她只好用右手的食指点着左手的手心，那只紧张的右手好像随时准备戳[119]到什么人的额头上去骂人。一不小心，还是将三四片划了出来，她丈夫耐心地重复着："两片，教过你，再想想……"她努力地

> 为什么丈夫不反对吃药？

> 他们觉得有必要让妻子知道这一切吗？为什么？

117　兜（dōu）：指衣服口袋。
118　捧（pěng）：用作量词，指用双手托的东西。一~红枣｜一~花。
119　戳（chuō）：用长条形的物体的一头使劲儿向前碰另一物体，这里是用手指。

想,微颤的食指在那一小撮[120]药片上犹豫不决,鼻翼[121]间的呼吸差点把一片势单力薄[122]的药片吹掉了。男人的残肢又像是在抽搐,其实是在指挥她:"两片,对了,马上就对了——"

窗外天色越来越暗了。主人有些不顾礼节地给自己倒满了一杯,一饮而尽。他的一生亏欠[123]的人,不止这几位,可是剩下的那些,都还活着。于是他就觉得那些歉意的确都不能算数了。他在想,怎么还不醉呢?脸上就连一点热度都感觉不到。他像是掩饰[124]什么,放下杯子,对沈老师一笑:"天太冷了。"

沈老师配合他:"是。晚来天欲雪,能饮一杯无。[125]"

> 从丈夫的态度我们可以看出什么?
>
> 为什么主人给自己倒酒是不顾礼节的?
>
> 主人为什么要一口气喝掉一杯酒?
>
> 为什么那些歉意不能算数?
>
> 他为什么要对沈老师说"天太冷了"?

---

120 撮(cuō):用作量词,多指手指可以捏取的、少量的。一~头发|一小~敌人。
121 鼻翼:鼻子两边。
122 势单力薄:势力单薄,力量小。
123 亏欠:亏待。因做了对不起别人的事而对别人有愧。
124 掩饰:不让别人看到自己内心的真实想法。
125 晚来天欲雪,能饮一杯无:这是唐代诗人白居易的名作《问刘十九》中的诗句。全诗四句:绿蚁新醅酒,红泥小火炉。晚来天欲雪,能饮一杯无?描写诗人在一个风雪飘飞的傍晚邀请朋友前来喝酒,共叙衷肠的情景。意思是:泛着绿色泡沫的新酿美酒,红土烧成的小巧火炉。傍晚天色好像要下雪的样子,你还能再喝一杯吗?这里引用这句诗,有劝酒的意思。

真的有一些白点开始在窗玻璃上蜻蜓点水[126]。神允许他们的世界，下雪了。

> 最后一句有什么意义？

赏析：

人生总难免会做错事，会对不起人。大多数时候，我们说一句"对不起"就可以放下了。可是，有些事，却不是一句"对不起"就可以交代的。于是，说不出的"对不起"成了一辈子的负担，沉重得让人喘不过来气。那么，死后，总可以把这些负担放下吧？所以，小说里的主人公设宴洗尘，其实是想把他自己心里的灰尘洗净。

他想把自己灌醉，从而有勇气说出自己的歉疚，可是死人是喝不醉的，而这一点他并不知道。于是我们看到，他把自己灌醉的心理动机，一直在推动他的行动，而我们却像上帝一样知道，这一切是徒劳的。他对所请的客人，有的是有愧、有的是有悔、有的是有欠，宾客们并不知道他的内心，而我们却能和上帝一起，见证他内心的挣扎。

小说的叙述很有意思：视角一开始最严格限制的，看到三分之一时，我们才知道这是写死后的世界。反转之后，小说的视角开始打开，我们不仅进入了主人公的内心，还知道了比主人公更多的东西。最后，我们站到了上帝的高度，结尾处"神允许他们的世界，下雪了"，似乎让我们听到了上帝悲悯的叹息。

126　蜻蜓点水（qīngtíng-diǎnshuǐ）：像蜻蜓在水面飞时尾部点着水的样子，常比喻做事肤浅不深入。

练习

一、判断对错

1. 龙城的规矩是，请客吃饭不能正好六个人。（   ）
2. 主人请客吃饭，正好六个人，因为他无法再拉来一个人。（   ）
3. 沈老师不知道主人与曲陆炎关系尴尬。（   ）
4. 主人要请的客人最后都来了。（   ）
5. 沈老师是一位谦逊的老者。（   ）
6. 曲陆炎是由于心脏病去世的。（   ）
7. 主人和曲陆炎是恢复高考后的第一批大学生。（   ）
8. 主人毕业后，开始与大学同学的关系不好，后来恢复了关系。（   ）
9. 沈若梅是个漂亮的女孩，她自杀了。（   ）
10. 主人当时对若梅说那么多话，是因为想追求她。（   ）
11. 主人请客吃饭的目的，是因为不适应那种寂寞。（   ）
12. 客人们都知道主人欠他们的。（   ）
13. 曲陆炎的孩子和主人的孩子都不争气。（   ）
14. 沈老师喜欢喝酒，很讲究吃。（   ）
15. 残疾人夫妻是主人的邻居。（   ）
16. 残疾人夫妻死了以后，不必再辛苦地生活，所以这边对他们来说是个好地方。（   ）
17. 残疾人的夫妻是一起被车撞死的。（   ）
18. 残疾人夫妻彼此很相爱。（   ）
19. 主人不停地喝酒，是想让自己喝醉，从而忘记自己的愧疚。（   ）
20. 大家都知道死人喝不醉，但主人不知道。（   ）

二、填空

主人要请的客人

	名字	身份	和主人的关系	因何而死	去世多久	主人对他们的情感
主人						
第一位客人						
第二位客人						
第三位客人						
第四位客人						
第五位客人						

三、把每组中意思相近的两个词语圈出来

1. 忌讳　回避　拒绝
2. 寒暄　聊天　寒冷
3. 瞬间　空间　马上
4. 恍惚　糊涂　清醒
5. 洞察　观察　了解

6. 根治　治愈　治疗
7. 显赫　有名　明显
8. 袅娜　柔美　温柔
9. 炫耀　比较　夸耀
10. 存心　故意　小心
11. 错愕　诧异　错误
12. 终究　讲究　终于
13. 知趣　懂事　有趣
14. 端详　细看　详细
15. 追究　考察　追查
16. 压抑　压制　压力
17. 默契　默然　配合得好
18. 腼腆　羞涩　夸张
19. 吉利　顺利　好处
20. 周全　周到　完整
21. 坦然　突然　平静
22. 硕大　宽大　巨大
23. 噩耗　好消息　坏消息
24. 嚎啕　大哭　大笑
25. 肇事　闯祸　做事
26. 没出息　没勇气　不争气
27. 积蓄　攒钱　存在
28. 亏欠　对不起　欠钱
29. 掩饰　表演　粉饰太平
30. 幸会　很高兴见到你　见到你很荣幸

四、用下列词语造句

1. 蜻蜓点水

2. 势单力薄

3. 难以置信

4. 不成体统

5. 初来乍到

6. 粉饰太平

7. 漫不经心

8. 暗自庆幸

9. 横冲直撞

10. 同仇敌忾

11. 销声匿迹

12. 浑然不觉

13. 人走茶凉

_____

14. 呆若木鸡

_____

15. 拖泥带水

_____

16. 六神无主

_____

17. 语无伦次

_____

18. 红颜薄命

_____

19. 心比天高

_____

20. 尸骨未寒

_____

21. 轻描淡写

_____

五、参考例句的句子结构造句

1. 今天这顿饭，<u>非得</u>六个人不可。

   你的句子：

2. 他自己，还行吧，接纳他的那所大学没那么显赫也没那么传奇，不过<u>好歹</u>是所有根基的老学校。

你的句子：

3. 他<u>怔了怔</u>，不大明白曲陆炎知道他和林宛有个男孩，还是知道那孩子很不争气。

你的句子：

六、解释课文中画 ～～ 的部分

七、概述故事，400字左右

第六课　家　事

毕飞宇[1]

【课前热身】

1. 你第一次谈恋爱是在什么时候？
2. 在你们国家，父母会反对中学生谈恋爱吗？
3. 你了解中国的父母对中学生"早恋"持什么态度吗？为什么？
4. 如果你的父母不允许你谈恋爱，你会怎么办？
5. 如果你的生活很枯燥，你会用什么方法来缓解？

　　一大早，老婆就给老公发了一条短信。短信说：老公，儿子似乎不太好，你能不能抽空和他谈谈？

　　老公回话了，口气似乎是无动于衷[2]的：还是你谈吧，你是当妈的嘛。

> 这个故事里的老婆和老公分别是谁？

　　老公乔韦是一个高中一年级的学生，他的老婆小艾则是他的同班。说起来他们做夫妻的时间倒也不长，也就是十来天。这件事复杂了，一直

1　毕飞宇（1964— ）：中国当代著名作家，长篇小说《推拿》获第八届茅盾文学奖，《哺乳期的女人》和《玉米》获鲁迅文学奖。

2　无动于衷（wúdòngyúzhōng）：衷，内心。一点也不动心。

可以追溯³到高中一年级的上学期。用乔韦的话来说，在一个"静中有动"的时刻，<u>乔韦就被小艾"点"着了</u>——拼了命地追。可是小艾的那一头一点意思也没有，"怎么敢消费你的感情呢？"小艾如斯⁴说。为了"可怜的"（乔韦语）小艾，乔韦一脚就把油门踩到了底，飙⁵上了。乔韦郑重地告诫小艾："你这种可怜的女人没有我可不行！"他是动了真心了，这一点小艾也不是看不出来，为了追她，<u>乔韦的GDP⁶已经从年级第九下滑到一百开外了</u>，恐怖啊。面对这么一种惨烈而又悲壮的景象，小艾哪里还好意思对乔韦说"一点也不爱你"，说不出口了。买卖不成情义在嘛。可是，态度却愈加坚定，死死咬住了"不想在中学阶段恋爱"这句话不放。<u>经历了一个水深火热的冬季</u>，乔韦单边主义的爱情已经到了疯魔的边缘，眼见得就扛不住了。两个星期前，就在

> 画线的部分是什么意思？

> 小艾爱乔韦吗？她为什么说不出口？

> 什么叫"买卖不成情义在"？

---

3 追溯（zhuīsù）：逆着水流的方向寻找发源地，比喻追问事情的根源。
4 如斯（sī）：像这样。
5 飙（biāo）：比喻开车开得像暴风一样快，这里指狂热地追求。
6 GDP：英文Gross Domestic Product的缩写，译为国内生产总值，这里比喻学生的年级成绩排名。

> 小艾答应与乔韦恋爱了吗？

宁海路和颐和路的路口，乔韦一把揪住了小艾的手腕，什么也不说，眼睛闭上了，嘴巴却张了开来，不停地喘息。小艾不动。等乔韦睁开了眼睛，小艾采用了张爱玲[7]女士的办法，微笑着，摇头，再摇头。乔韦气急败坏[8]，命令说："那你也不许和别人恋爱！"不讲理了。小艾"不想在中学阶段恋爱"，其实倒不是搪塞[9]的话，是真的。小艾痛快地答应了，前提是乔韦你首先把自己打理[10]好，把你的GDP拉上来，要不然，"如此重大的历史责任，我这样美丽瘦小的弱女子如何能承担得起"。小艾的话都说到这一步了，可以说情声并茂[11]，乔韦还能怎么着？这不是一百三十七的智商能够解决得了的。乔韦在马路边上坐了下

> 乔韦的感觉怎么样？

来，叹了一口气，说："老婆啊，你怎么就不能和我恋爱呢？"这个小泼皮[12]，求爱不成，反倒把

7　张爱玲（1920—1995）：中国著名女作家，以写20世纪三四十年代的城市题材小说而闻名。
8　气急败坏：形容情绪失控，非常激动。
9　搪塞（tángsè）：只在表面上应付，不负责。
10　打理：处理，照顾。
11　情声并茂（mào）：即声情并茂。感情和声音都很丰富。
12　泼皮（pōpí）：无赖，不讲道理的人。

小艾叫做"老婆"了,哪有这样的。<u>小艾的脑细胞噼里啪啦一阵撞击</u>,明白了,反而放心了。乔韦说这话的意思无非是两点:A,给自己找个台阶,不再在"恋爱"这个问题上纠缠[13]她,都是"老婆"了嘛;B,心毕竟没死透,怕她和别人好,抢先"注册[14]"了再说——只要"注册"了,别人就再也没法下手了。小艾笑笑,默认了"老婆"这么一个光荣的称号。学校里的"夫妻"多呢,也不多他们这一家子。只要能把眼前的这一阵扛过去[15],老婆就老婆呗,老公就老公呗,<u>打扫卫生的时候还多一个蓝领呢</u>。小艾拍拍乔韦的膝盖,真心诚意地说:"难得我老公是个明白的人。"小艾这么一夸,乔韦更绝望了,他抱住了自己的脑袋,埋到两只膝盖的中央,好半天都没有抬起头来。只能这样了。可是,分手的时候乔韦还是提出了一个特别的要求,他拉着小艾的手,要求

> 从小艾的理解中可以看出什么?

> 小艾同意和乔韦"结婚"了吗?为什么?

> 为什么乔韦更绝望了?

---

13 纠缠(jiūchán):找人麻烦,使人不能脱身。
14 注册(zhùcè):把名字记录在册,多指取得某种资格。~结婚。
15 扛(káng)过去:度过眼前的困境,忍耐过去。

"吻别"。这一回小艾一点也不像张爱玲了,她推出自己的另一只巴掌,拦在中间,大声说:"你见过你妈和你爸接吻没有?——乔韦,你要说实话!不说实话咱们就离婚!"乔韦拼了命地眨巴眼睛,诚实地说:"那倒是没有。"小艾说:"还是啊。"当然,小艾最后还是奖励了他一个拥抱,朴素[16]而又漫长。乔韦的表现很不错,虽说力量大了一些,收得紧了一些,但到底是规定动作,脸部和唇部都没有任何不良的倾向。在这一点上小艾对乔韦的评价一直都是比较高的。乔韦在骨子里很绅士[17]。绅士总是不喜欢离婚的。

> 小艾是怎样拒绝乔韦的"吻别"的?

> 他们是怎样告别的?

只做"夫妻",不谈恋爱,小艾和乔韦的关系相对来说反而简单了,只不过在"单位[18]"里头改变了称呼而已。看起来这个小小的改变对乔韦来说还真的是个安慰,不少坏小子都冲着小艾喊

> 为什么"夫妻"关系对乔韦是个安慰?

---

16 朴素(pǔsù):朴实,不浮夸。
17 绅士(shēnshì):待人处事符合现代文明精神的男士,以及这种男士表现出的样子。
18 单位:工薪阶层上班的地方或企事业实体、机关。

"嫂子"了。小艾抿[19]着嘴，笑纳[20]了。小艾是有分寸[21]的，拿捏[22]得相当好，在神态和举止上断不至于让同事们误解。"夫妻"和"夫妻"是不一样的。这里头的区分，怎么说呢，嗨，除了老师，谁还看不出来呀。<u>哪对"夫妻"呈阴性，哪对"夫妻"呈阳性，目光里头的pH值就不一样</u>。能一样吗？小艾和乔韦一直保持着革命伴侣[23]的本色，无非就是利用"下班"的工夫在颐和路上走走，顶多也就是在宁海路上吃一顿肯德基。名分[24]罢了。作为老公，乔韦的这个单是要买的。乔韦很豪阔，笑起来爽歪歪[25]。但是，私下里，乔韦对"夫妻生活"的本质算是看透了，往简单里说，也就是买个单。悲哀啊，苍凉啊。这就是婚姻吗？这就是了。——过吧。

> 同学们知道他们关系的实质吗？

> 他们"夫妻生活"的内容是什么？

> 乔韦对这样的生活满意吗？

19　抿（mǐn）：嘴微微合上的动作。

20　笑纳（xiàonà）：本义是请别人收下自己的礼物的客套话，这里指笑着接受了，没有拒绝。

21　有分寸：指说话或做事都适当，不过分。

22　拿捏（niē）：根据不同的情况，或轻或重，进行处理。

23　革命伴侣：在社会主义革命时期，许多人不是因为爱情，而是为了革命的共同目标而结成夫妻，通常是有名无实的。

24　名分：名义上的，只是一个名称。

25　爽歪歪（shuǎngwāiwāi）：来源于广告词，意思是舒服极了。

> "家家都有一本难念的经"是什么意思?

> 小艾是先有"儿子"还是先有"丈夫"?

> 小艾和田满是怎么认识的?

> 为什么小艾认识田满?

> 田满给人的第一印象是什么?在课文中找出几个有说服力的形容词。

可婚姻也不像乔韦所感叹的那样简单。<u>家家都有一本难念的经</u>。事情的复杂性就在于,做了夫妻乔韦才知道,他和小艾的婚姻里头还夹着另外的一个男人。

——小艾有儿子。田满。高一(九)班那个著名的大个子。身高足足有一米九九。田满做小艾的儿子已经有些日子了,比乔韦"静中有动"的时候还要早。事情不是发生在别的地方,就在宁海路上的那家肯德基。

小艾和田满其实是邂逅[26],田满端着他的大盘子,晃晃悠悠,晃晃悠悠,最后坐到小艾的对面来了。小艾叼着鸡翅,仰起头,吃惊地说:"这不是田满吗?"田满顶着他标志性的鸡窝头,凉飕飕[27]的,绷着脸[28]。田满说:"你怎么认识我?"小艾说:"谁还不认识田满哪,咱们的11号嘛。"11号是田满在篮球场上的号码,也是YAO(姚明)在休斯顿火箭队的号码,它象征着双份的独一无

---

26 邂逅(xièhòu):偶然碰上。
27 凉飕飕(liángsōusōu):形容风大很凉的样子。这里形容人看起来不好接近。
28 绷(běng)着脸:面部肌肉紧张,这里形容人没有表情,冷淡的样子。

二。田满面无表情，坐下来，两条巨大的长腿分得很开，像泰坦尼克号[29]的船头。田满傲滋滋[30]地说："——你是谁？"小艾的下巴朝着他们学校的方向送了送，说："十七班的。"田满说："难怪呢。"听田满这么一说，小艾很自豪，十七班是高中一年级的龙凤班[31]，教育部门不让办的。心照不宣[32]吧。这会儿小艾就觉得"十七班"是她的脸上的一颗美人痣，足可以画龙点睛[33]了。小艾咄咄逼人[34]了，说："难怪什么？"田满歪着嘴，冰冷地说："你很蔻。""蔻"是一个十分鬼魅[35]的概念，没有解。如果一定要解释，坊间[36]是这样定义的：它比漂亮艳丽，比

> 为什么小艾对自己的班级很自豪？

> 教育部门为什么不让办"龙凤班"？

> 根据"蔻"的定义，想象一下有没有现实中的明星符合这个描述？

---

29 泰坦尼克号：即 Titanic，英国一艘著名巨型邮轮，1912 年因撞上冰山而沉没。

30 傲滋滋（àozīzī）：骄傲的样子。

31 龙凤班：这里比喻尖子班，由最优秀的学生组成。

32 心照不宣（xīnzhào-bùxuān）：指彼此心里明白，而不公开说出来。

33 画龙点睛：相传在南北朝时期的梁朝，有位很出名的大画家名叫张僧繇，他的绘画技术很高超。张僧繇在金陵安乐寺墙壁上画了四条龙，但没有画眼睛，他常常说："点了眼睛龙就飞走了。"人们都认为很荒唐，就点了其中两条龙的眼睛。一会儿，雷电打破墙壁，那两条龙乘云飞上了天，其他两条没有被点上眼睛的龙还在。这里比喻突出优势，增添光彩。

34 咄咄逼人（duōduō-bīrén）：形容态度傲慢，不给别人留余地。

35 鬼魅（guǐmèi）：神秘而吸引人。

36 坊间（fāngjiān）：热闹繁华的中心地带。这里指流行的。

艳丽端庄，比端庄性感，比性感智慧，比智慧凌厉[37]，总之，是高中女人（女生）的至尊荣誉。小艾说："扮相[38]倒酷，其实是马屁精[39]。"

田满的脸顿时红了。这是他没有预备的。嘴巴动了动，想说什么，没跟得上来。小艾再也没有料到大明星也会窘迫[40]成这样，多好玩哦。大明星害起羞来真的是很感动人的。小艾这才注意起田满的眼睛来，眼眶的四周全是毛，很长，很乌，很密，还挑[41]，<u>有那么一点姑娘气，当然，绝不是娘娘腔[42]</u>——这里头有质的区分。目光潮湿，明亮，却茫然，像一匹小马驹子[43]。<u>小艾已经有数了</u>，他的巨大是假的，他的巍峨[44]是假的，<u>骨子里是菜鸟[45]</u>。他能考到这所中学里来，不是因为考分，而是因为个子。智商不高，胆子小，羞怯，

> 小艾这句话是什么意思？
>
> 田满为什么脸红？在上下文中找几个词来回答。
>
> 姑娘气和娘娘腔有什么区别？
>
> "有数了"是什么意思？
>
> "骨子里是菜鸟"是什么意思？
>
> 小艾怎么评价田满？

---

37 凌厉（línglì）：气势迅速而猛烈。
38 扮相（bànxiàng）：打扮的样子，指外部形象。
39 马屁精：喜欢拍马屁，善于讨好别人的人。
40 窘迫（jiǒngpò）：处境困急，不知该怎么办。
41 挑（tiǎo）：汉字的一个笔画，形如"／"。这里形容睫毛上翘的样子。
42 娘娘腔：说话、做事像女人的男人。
43 马驹子（mǎjūzi）：刚出生不久的小马。
44 巍峨（wēi'é）：多用来形容山或建筑高大雄伟，这里指人身材高大。
45 菜鸟：网络流行语。新人或能力差、水平低的人。

除了在篮球场上逞能[46]，下了场就没用了，还喜欢装，故意把自己搞得晶晶亮、透心凉。这个人多好玩哦，这个人多可爱哦。小艾喜欢死了。当然，不是那种。田满这种人怎么说也不是她小艾的款。可小艾也不打算放弃，上身凑过去了，小声说："商量个事。"田满放下手里的汉堡，舔[47]了舔中指，舔了舔食指，吮[48]了吮大拇指。他把上身靠在靠背上，抱起双臂，做出一副电视剧里的"男一号"[49]最常见的甩样[50]，说："说。"

> 小艾对田满有兴趣吗？

小艾眯起了眼睛，有点勾人[51]了，说："做我儿子吧。"

> 他们的关系是由谁提出的？

田满的大拇指还含在嘴里，不动了。肯德基里的空气寂静下来。一开口小艾就知道自己过分了，再怎么说她小艾也不配拥有这么一个顶天立

> 小艾预感田满会是什么态度？为什么？

46　逞能（chěng néng）：炫耀、显示自己的能力。
47　舔（tiǎn）：用舌头去碰。
48　吮（shǔn）：聚拢嘴唇吸。～吸｜～乳。
49　男一号：影视剧或小说中的第一男主人公，最重要的男性角色。
50　甩样：自认为自己帅而做出很酷的样子。
51　勾（gōu）人：引诱。

地 [52] 的儿子嘛，还是大明星呢。可话已经说出来了，橡皮也擦不掉。那就等着人家狂殴 [53] 呗。活该 [54] 了。小艾只好端起可乐，叼着吸管，咬住了，慢慢地吸。田满的脸又红了，也叼住了吸管，用他潮湿的、明亮的，同时也是羞怯的目光盯着小艾，轻声说："这我要想想。"

> 田满拒绝了吗？

小艾顿时就松了一口气，不敢动。田满放下可乐，说："我在班里头有两个哥哥，四个弟弟。七班有两个姐姐。十二班有三个妹妹。十五班还有一个舅舅 [55]。舅妈是两个，大舅妈在高二（六），小舅妈在高一（十）。"

> 田满在学校里的人际关系怎么样？

"单位"里的人事 [56] 复杂，小艾是知道的，然而，复杂到田满这样的地步，还是少有。这种复杂的局面是从什么时候开始的呢，小艾不知道，想来已经有些日子了。小艾就知道一进入这

52　顶天立地（dǐngtiān-lìdì）：头顶青天，脚立在地上。形容光明正大，形象高大，气势豪迈。

53　狂殴（ōu）：十分用力地打。

54　活该：口语中表示一点也不委屈，就应该是这样的。

55　舅舅：妈妈的哥哥或弟弟。舅妈即舅舅的妻子。

56　人事：人与人之间的关系，人情事理。

所最著名的中学,他们这群小公鸡和小母鸡就不行了,表面上安安静静的,私底下癫疯[57]得很,迅速开始了"新生活运动"。什么叫"新生活运动"呢?往简单里说,就是"恢复人际"。——<u>既然未来的人生注定了清汤寡水,那么,现在就必须让它七荤八素</u>。他们结成了兄弟、姐妹、兄妹、姐弟。他们得联盟[58],必须进行兄弟、姐妹的大串联[59]。这还不够,接下来又添上了夫妻、姑嫂、叔嫂、连襟[60]、妯娌[61]和子舅等诸多复杂的关系。举一个例子,一个小男生,只要他愿意,平白无故[62]的,他在校园里就有了哥哥、弟弟、嫂子[63]、弟媳[64]、姐姐、妹妹、姐夫、妹婿[65]、老婆、儿

> 为什么这所中学里会流行这种关系?

---

57 癫疯(diānfēng):也作疯癫,疯狂。
58 联盟:联合起来,结成联合体。
59 大串联:广泛地联合在一起。
60 连襟(liánjīn):一种亲属关系,姐姐的丈夫和妹妹的丈夫。
61 妯娌(zhóuli):一种亲属关系,哥哥的妻子和弟弟的妻子。
62 平白无故:没有原因,没有道理,没有依据。
63 嫂子:哥哥的妻子。
64 弟媳:弟弟的妻子。
65 妹婿:妹妹的丈夫。

子、女儿、儿媳、女婿、伯伯[66]、叔叔[67]、姑姑[68]、婶婶[69]、舅舅、舅妈、姨母[70]、姨夫、丈母娘、丈母爹[71]、小姨子[72]和舅老爷[73]。这是奇迹。温馨[74]哪,迷人哪。乱了套了[75]。嗨,乱吧。

田满望着小艾,打定主意了,神态庄重起来。田满说:"你首先要保证,你只能有我一个儿子。"

> 田满提出了什么要求?

> 小艾为什么愣住了?

这一回轮到小艾愣住了。她在愣住了的同时如释重负[76]。然而,有一点小艾又弄不明白了,他田满正忙于"新生活运动",吼巴巴[77]地在"单位"里结识了那么多的兄弟、姐妹,怎么事到了

---

66 伯伯:爸爸的哥哥。
67 叔叔:爸爸的弟弟。
68 姑姑:爸爸的姐妹。
69 婶婶:叔叔的妻子。
70 姨母:妈妈的姐妹。
71 丈母娘、丈母爹:妻子的妈妈和爸爸。
72 小姨子:妻子的妹妹。
73 舅老爷:爸爸的舅舅。
74 温馨(wēnxīn):温暖芳香,形容使人感到亲切、舒服。
75 乱套(luàn tào):打乱了正常的顺序,没有条理。
76 如释重负(rúshìzhòngfù):释,放下。重负,重担。像放下了沉重的负担的样子,身心放松。
77 吼巴巴:形容急切的样子。

临头[78],他反过来又要当"独子"了。

小艾说:"那当然。基本国策[79]嘛。"

深夜零点,小艾意外地收到了一封短信,田满发来的。短信说:"妈,我休息了,你也早点睡。儿子。"这孩子,这就孝顺[80]了。小艾合上物理课本,在夜深人静的时分端详起田满的短信,想笑。不过小艾立即就摩拳擦掌[81],进入角色了。顺手摁[82]了一行:"乖,好好睡,做个好梦。妈。"打好了,小艾凝视[83]着"妈"这个字,多少有点不好意思。还是不发了吧。就这么犹豫着,手指头却已经揿[84]下去了。小艾还没有来得及后悔,儿子的短信又来了,十分露骨[85]、十分直白的就是两个字:

> 小艾同意了吗?她是怎么理解这个问题的?

> 这天深夜发生了什么事?

---

78 事到临头:到了事情发生的时候。
79 基本国策:这里指中国实行的计划生育政策,以前提倡一对夫妻只生育一个孩子。现已改为一对夫妻可以生育两个孩子。
80 孝顺(xiàoshùn):子女赡养父母尽心尽力,遵从父母意见。
81 摩拳擦掌(móquán-cāzhǎng):形容鼓起劲头,准备卖力做事。
82 摁(èn):用手按。~扣 | ~钉 | ~电铃。
83 凝视(níngshì):注意力集中地看。
84 揿(qìn):用手摁。~电铃。
85 露骨(lùgǔ):比喻用意十分显露,不含蓄,毫不掩饰。

> 小艾为什么不高兴了?
>
> 她用什么方式提醒田满?
>
> 田满与她预想的有什么不一样?
>
> 小艾的心里有什么感觉?

"吻你。"

小艾望着彩屏,不高兴了。决定给田满一点颜色看看。小艾在彩屏上写道:"我对你可是一腔的母~爱哦",后面是九个惊叹号,一排,是皇家的仪仗,也是不可僭越[86]的栅栏[87]。

出乎小艾的意料,田满的回答很乖[88]。田满说:"谢谢妈。"

小艾原打算再补回去一句的,却不知道如何下手了。她再也没有想到九尺身高的田满居然会是这么一个缠绵[89]的东西。可这件事到底是她挑[90]起来的,也不好过分。看起来她这个妈是当定了。她就把两个人的短信翻过来看,一遍又一遍的,心里头有点怪怪的了。有些难为情,有些恼,有些感动,也生气,还温馨。不知道怎么说才好。

田满的扣篮是整个篮球场上最为壮丽的动

86　僭越(jiànyuè):超越本分。
87　栅栏(zhàlan):用竹、木、铁条等做成的起分隔作用的东西。
88　乖(guāi):聪明,灵巧,顺从(多指小孩听话)。~巧。
89　缠绵(chánmián):多指男女之间情意深厚、难舍难分的样子。
90　挑:招惹,多指引起争端、矛盾、是非等。~事。

态，小艾想到了一个词，叫"呼啸[91]"。田满每一次扣篮都是呼啸着把篮球灌进篮筐的。他能生风。必须承认，一踏上球场，害羞的菜鸟无坚不摧[92]。这是田满最为迷人的地方，这同样也是小艾作为一个母亲最为自豪的地方。其实小艾并没有认认真真地看过校篮球队打球，但是，现在不一样了，儿子在篮球馆里一柱擎天[93]，她不能不过来看看。看起来喜欢儿子的女生还真是不少，只要田满一得分，丫头们就尖叫，夸张极了。小艾看出来了，她们如此尖叫，目的只有一个，就是想让儿子注意自己。儿子一定是听到了，却听而不见。他谁也不看。在球场上，儿子的骄傲与酷[94]已经到了惊风雨、泣鬼神[95]的地步，绝对是巨星的风采。这就对了嘛，可不能让这些疯丫头迷了

> 田满在球场上的表现怎么样？

> 小艾现在看田满打球和以前有什么不一样的感觉？

---

91 呼啸（hūxiào）：由于迅速运动而产生的高而长的声音。~的风 | ~而来。
92 无坚不摧（wújiān-bùcuī）：没有什么坚固的东西是不能够被摧毁的，形容力量非常强大。
93 擎天（qíng tiān）：托住天。形容力量大，地位重要。
94 酷：英文 cool 的音译，多用来形容有个性的人或事。
95 惊风雨、泣鬼神：使风雨、鬼神都吃惊得哭出来。

> 小艾对田满在球场上的态度满意吗?为什么?

> 在小艾的想象中,自己是什么样子的?为什么?

> 她享受这样的感觉吗?

心窍[96]。小艾的心里涌上了说不出来的满足和骄傲,故意眯起了眼睛。沿着电视剧的思路,小艾想象着自己有了很深的鱼尾纹[97],想象着自己穿着小开领的春秋衫,顶着苍苍[98]的白发,剪得短短的,齐耳,想象着自己一个人把田满拉扯到这么大,不容易了。突然有些心酸,更多的当然还是自得。悲喜交加的感觉原来不错,像酸奶,酸而甜。难怪电视一到这个时候音乐就起来了。音乐是势利[99]的,它就会钻空子[100],然后,推波助澜[101]。

小艾没有尖叫。她不能尖叫,得有当妈的样子。小艾站得远远的,眯着眼睛,不停地捋[102]头发,尽情享受着一个孤寡[103]的(为什么是孤寡的呢?小艾自己也很诧异)中年妇女对待独子的款

---

96 鬼迷心窍(guǐmíxīnqiào):比喻一时糊涂。
97 鱼尾纹:眼角处的皱纹。
98 苍苍(cāngcāng):灰白色的。
99 势利(shìli):以财产、地位而区别对待人的。如对富人和对穷人的态度不一样。多含贬义。
100 钻空子(zuān kòngzi):利用不周密的地方或漏洞做对自己有利的事。
101 推波助澜(tuībō-zhùlán):推动、助长事物的变化,扩大影响。
102 捋(lǚ):用手指顺着物体的方向向下移动,使平整。~胡子。
103 孤寡(gūguǎ):孤独。失去子女和配偶,独自生活。

款[104]深情。你们就叫吧,叫得再响也轮不到你们做我的儿媳妇,我家田满可看不上你们这些疯丫头。

> 总结一下小艾对那些尖叫的丫头们的态度和心理。

"妈,我休息了,你也早点睡。儿子。"

"乖,好好睡。做个好梦。妈。"

"吻你。"

"我也吻你。"

"谢谢妈。"

每天深夜的零点,在一个日子结束的时分,在另外一个日子开始的时分,这五条短信一定会飞扬在城市的夜空。在时光的边缘,它们绕过了摩天大楼[105]、行道树,它们绕过了孤寂的,同时又还是斑斓[106]的灯火,最终,成了母与子虚拟[107]的拥抱。它们是重复的,家常了。却更是仪式。这仪式是张开的臂膀,一头是昨天,一头是今天;一头是儿子,一头是母亲。绝密[108]。

> 为什么他们每天重复一样的短信?

---

104 款款(kuǎnkuǎn):真诚,忠实。
105 摩天大楼:高得碰到了天空的大楼,形容楼高。
106 斑斓(bānlán):色彩错杂灿烂的样子。
107 虚拟(xūnǐ):不真实的,非现实的。
108 绝密:最高的秘密。

侧栏问题	正文
乔韦是怎么知道小艾和田满的事的？	小艾当然不可能把她和田满的事告诉乔韦。然而，小艾忽略了一点，一个人如果患上了单相思，他的鼻子就拥有上天入地的敏锐，这是任何高科技都不能破解[109]的伟大秘籍[110]。就在宁海路和颐和路的交界处，乔韦把他的自行车架在了路口，他的表情用四个字就可以概括了，面无人色。原来嫉妒[111]是可以改变一个人的长相的，乔韦今天的长相就很成问题，很愚昧[112]。他很狰狞[113]。
乔韦认为他们是什么关系？	
乔韦的表情说明了什么？	
乔韦为什么把小艾的车和他的锁在了一起？	小艾刚到，乔韦就把小艾堵住了。小艾架好自行车，还没有来得及说话，就看见乔韦突然弓了腰，用链条[114]锁把两辆自行车的后轮捆在了一起。乔韦很激动。他的手指与胳膊特别地激动。链条被他套了一圈又一圈，最后，套牢了。
"套牢"的动作有什么含义？	两个人都是绝顶聪明的，一起望着自行车，心知肚明了。

---

109 破解：发现，解开。
110 秘籍（mìjí）：能解决重大问题的稀有的书。
111 嫉妒（jídù）：因人胜过自己而产生的忌恨心理。
112 愚昧（yúmèi）：愚蠢而不明事理。
113 狰狞（zhēngníng）：凶恶。指性情、行为或状貌十分可怕。
114 链条（liàntiáo）：一系列的链环或环形物，多为金属。

第六课 家 事

　　这时候走过来一个交通警,他绕过了自行车,歪着脑袋问乔韦:"这个好玩儿吗?这样有用吗?"

　　小艾抱起了胳膊,拉下脸来:"关你什么事!你们家夫妻不吵架?"

　　交通警望望他俩,又望望自行车,想笑,却绷住了,十分诚恳地告诉小艾:"吵。可我们不在大街上吵。"

> 从交警和小艾的对话中,可以看出小艾什么样的性格?

　　"那你们在哪里吵?"

　　"我们只在家里吵。"

　　"这个我会。"小艾伸出一只手,说:"给我钥匙。——我们现在就到你们家吵去。"

　　交通警知道了,<u>撞上祖宗[115]了。她是姑奶奶[116]</u>。交通警到底没绷住,笑了,替他们把绑在一起的自行车挪到一边,行[117]了一个军礼,说:"差不多就行了哈,咱们家夫妻吵架也就两三分钟。快点吵,哈!<u>马上就高峰了。</u>"

　　下午第二节课的课后,小艾收到了田满的短

115　祖宗:本指祖先,是中国人最不敢得罪的人。这里指难惹的人。
116　姑奶奶:本指爷爷的姐妹。也指难相处、不讲理的女人。
117　行礼(xíng lǐ):以特定动作表达敬意。

111

> 小艾为什么觉得田满"粗枝大叶"的？

> 小艾为什么拒绝田满的邀请？

> 小艾最终去和田满见面了吗？为什么？

信，他想在放学之后"和妈妈一起共进早餐"。你瞧这孩子，什么事都粗枝大叶[118]，"晚餐"硬是给他打成"早餐"了，将来高考的时候怎么得了哦。愁人哪。见面之后要好好说说他。说归说[119]，吃饭的事小艾一口回绝了。<u>小艾是一个把金钱看得比鲜血还要瑰丽的女人</u>，她是当妈的，和儿子吃饭总不能 Go dutch (AA 制) 吧，<u>只能放血</u>。放血的事小艾不做。打死也不做。

不过小艾最终还是去了。说起来极不体面[120]，是被两个小女生骗过去的。她们假装在放学的路上巧遇小艾，然后就"久仰久仰[121]"了。"久仰"过了就是"崇敬"，"崇敬"完了就想"请她吃顿饭"，主要是想"亲耳聆听"一下她的"教诲[122]"。小艾喜滋滋的，十分矜持[123]地来到肯德基，田满已经安安稳稳地等在那里了。小艾一到，两个小喽

---

118 粗枝大叶（cūzhī-dàyè）：比喻不精细，不认真。粗心大意。
119 说归说：虽然这么说。表示让步和转折。
120 体面：符合身份、地位的。
121 久仰（jiǔyǎng）：很长时间以来一直尊敬、仰慕（与人初次见面时说的客套话）。
122 教诲（jiàohuì）：教导，训诫。
123 矜持（jīnchí）：很得意、很骄傲但又控制着不表现出来的样子。

啰[124]把小艾丢在田满的面前，走人。小艾气疯了，非常非常地生气。这么一个小小的伎俩[125]她都没有识破，利令智昏[126]哪！就为了一点可怜的虚荣[127]，当然，还有一份可怜的汉堡，丢人了。但是，再丢人小艾也不能批评自己，她厉声[128]责问田满，为什么要采用这种"下三烂[129]的手段"！田满什么也不说，却从口袋里掏出一样东西，放在了桌面上。他用他的长胳膊一直推到小艾的面前，是一张面值一百元的移动电话充值卡。田满小声说："这是儿子孝敬妈的。"小艾拿起充值卡，刮出密码，噼里啪啦就往手机上摁。手机最后说："你已成功充值一百元！"小艾的脸上立即荡漾[130]起了春天的风，她把脑袋伸到田满的跟前，慈祥了，妩媚[131]了，问："想吃什么呢儿子，妈给

> 小艾为什么很生气？

> 从这里可以看出田满是个什么样的人？小艾是个什么样性格的人？

> 用形容词总结一下小艾此刻的心情变化。

124　喽啰（lóuluo）：多指坏人的手下，为坏人做事的小人物。
125　伎俩（jìliǎng）：手段，花招，为达到目的使用的不合理合法的方法，有贬义。
126　利令智昏（lìlìngzhìhūn）：利益让人失去理智、昏了头，比喻为眼前利益而犯糊涂。
127　虚荣（xūróng）：虚幻的荣耀。
128　厉声：用严厉的声音。
129　下三烂：没出息的人。也作下三滥。
130　荡漾（dàngyàng）：风吹动水面的样子。
131　妩媚（wǔmèi）：女性姿态美好，温柔可爱。

你买。"

"我又有了一个妹妹。"田满小声说。

噢——,又有妹妹了。春风还在小艾的脸上,却已经不再荡漾。他又有了一个妹妹了,他这样的"哥哥"一辈子也缺不了"妹妹"的。不过小艾还是从田满的脸上看出来了,这个"妹妹"不同寻常,绝对不是通常意义上的"妹妹"。小艾突然就感到自己有些不自然,虽说是"当妈的",小艾自己也知道,她吃醋[132]了。也许还有些后悔。当初如果不给他"当妈",田满会不会追自己呢?难说了。如果追了,拒绝他是一定的。可是,拒绝是一个问题,没能拒绝成却是一个更加严峻的问题。

小艾还没有练就[133]"脸不变色"的功夫,干脆就把脸上的春风赶走了。小艾板起面孔,问:"叫什么?"

"Monika。"

> 当小艾听说田满又有一个妹妹时,心情怎么样?她怎么理解这件事?

132　吃醋:比喻嫉妒,多指在男女关系方面。
133　练就(liànjiù):练成。

——Monika。到底是大明星,"找妹妹"也要走国际化的道路。"恭喜[134]你了。"

田满想说什么,小艾哪里还有听的心思,掉头就走。排队的时候小艾回头瞄[135]了一眼田满,田满托住了下巴,失落[136]得很,一脸的忧郁。看起来十有八九是单相思了。小艾想,不知道Monika是怎样的人物,能让田满失魂落魄[137]到这样的地步,不是一般的蔻。

> 小艾为什么不想听田满说这件事?

吃薯条的时候田满又把话题引到"妹妹"那儿去了。他一边蘸[138]着番茄酱,一边慢悠悠地说:"我妹妹——"小艾立即用她的巴掌把田满的话打断了。小艾说:"田满,不说这个好不好?妈不想听这些事。"

田满就不说了。"闷"在了那里。小艾承认,田满忧戚[139]的面容实在是动人的,叫人心疼。小

> 田满的心情怎么样?

---

134 恭喜:祝贺。
135 瞄(miáo):把视力集中在一点上,注意看。~准 | 猫总~着那条鱼。
136 失落:失望的样子。
137 失魂落魄(shīhún-luòpò):形容惊慌忧虑、心神不定、行动失常的样子。
138 蘸(zhàn):沾一下便拿出。~酱。
139 忧戚(yōuqī):忧伤烦恼。

艾伸出手去抚摸的心思都有了。

"Monika——"

"田满！不听话是不是？"

乔韦就在这个时候闯进来了，一进来就坐在了小艾的身边。是剑胆琴心[140]的架势。田满丢下薯条，吮过指头，刹那[141]之间就恢复了大明星的本色。田满慢悠悠地合上眼皮，再一次打开的时候附带扫了一趟乔韦。那神情不屑[142]了。田满问小艾："谁呀？"

小艾的心情已经糟透了，乔韦这么一搅，气就更不打一处来[143]。小艾没好气地说：

"你爹。"

田满右边的嘴角缓缓地吊上去了。他的不屑很歪。田满说："我和我妈吃饭，没你的事，给我马上走人。"

> 田满见到乔韦以后表情有什么变化？为什么？

---

140 剑胆琴心（jiàndǎn-qínxīn）：胆量大，像箭一样锋利；心思细，像琴一样优雅。这里指可攻可守。
141 刹那（chànà）：梵语 ksana 的音译，指极短的时间。
142 不屑（búxiè）：轻视，瞧不起。
143 气不打一处来：浑身都是气，形容很生气的样子。

乔韦是"爹",理直而又气壮[144]。乔韦说:"我和我老婆说话,没你的事,你给我马上走人。"

田满站起来了。乔韦也站起来了。

小艾也只好站起来。小艾说:"你们打吧。什么时候打好了什么时候出来。"

> 小艾猜想他们俩见面会发生什么事?

也就是两三分钟,田满和乔韦出来了。他们是一起走出来的,肩并着肩。小艾坐在肯德基门前的台阶上,这刻儿已是说不出的沮丧[145]。她不想再听到任何动静,已经用MP3把耳朵塞紧了。张韶涵《隐形的翅膀》还没有听完,田满已经坐在她的左侧,而乔韦也坐在了她的右侧。小艾拔出耳机,说:"怎么不打呢?多威风哪刚才。"

> 她为什么感到沮丧?

"不存在。"乔韦说,"我是你老公,他是你儿子。"

> 他们为什么没有打架?

田满说:"我们已经是兄弟了。"

两个男人夹着一个女人,就在肯德基的门前的阶梯上并排坐着了,一侧是夫妻,一侧是母子,两头还夹着一对兄弟。谁也不说一句话。无

---

144 理直气壮:因为有道理,所以做事底气十足。
145 沮丧(jǔsàng):灰心失望。

论如何，今天的局面混乱了，有一种理不出头绪的苍茫[146]。田满，小艾，还有乔韦，三个人各是各的心思，傻坐着，一起望着马路的对面。马路的对面是一块工地，是一幢尚未竣工[147]的摩天楼。虽未竣工，却已经拔地而起[148]了。脚手架[149]把摩天楼捆得结结实实的，无数把焊[150]枪正在焊接，一串一串的焊花从黄昏的顶端飞流直下。焊花稍纵即逝[151]，却又前赴后继[152]，照亮了摩天大楼的内部，拥挤、错综[153]，说到底又还是空洞的景象。像迷宫。

> 这一段描写象征着什么？

当天夜里小艾的手机再也没有收到田满的短

> 什么事情让小艾感到意外？

---

146 苍茫（cāngmáng）：空旷辽远。~大地。
147 竣工（jùngōng）：工程完成。
148 拔地而起：山峰、植物、建筑物等高耸在地面上。形容从地面上突兀而起，非常陡峭、高耸。
149 脚手架：建筑工地上为方便工人施工搭建的可攀爬、站立或运输的架子，多为金属或木质。
150 焊（hàn）：用熔化的金属修补金属器物或使金属工件连接起来。
151 稍纵即逝（shāozòng-jíshì）：稍微一放松就过去了。形容存在的时间很短，极易消失。
152 前赴后继（qiánfù-hòujì）：前面的冲上去了，后面的紧跟上来。形容不断投入战斗，奋勇向前。
153 错综（cuòzōng）：杂乱、复杂的样子。

信。小艾措手不及[154]，可以说猝不及防[155]。小艾的手机一直就放在枕头的旁边，在等。可是，直到凌晨两点，枕头也没有颤动一下。小艾只好翻个身，又睡了。其实在上床之前小艾想把短信发过去的，都打好了，想了想，没发。他又有妹妹了，还要她这个老娘做什么？说小艾有多么伤心倒也不至于，但小艾的寥落[156]和寡欢[157]还是显而易见的了，一连串的梦也都是恍恍惚惚[158]的，就好像昨天一直都没有过去，而今天也一直还没有开始。可是，天亮了。小艾醒来之后从枕头的下面掏出手机，手机空空荡荡。天亮了，像说破了的谎。

> 小艾没有收到短信，她做了什么？为什么？

> 她的心情怎样？

小艾一厢情愿[159]地认为，田满在"三八"妇女节的这天会和她联系。就算他恋爱了，对老妈的这点孝心他应该有。但是，直到放学回家，手

> "三八"妇女节这天，小艾期望什么？

---

154 措手不及（cuòshǒu-bùjí）：来不及动手处理。
155 猝不及防（cùbùjífáng）：猝，突然。事情来得突然，来不及防备。
156 寥落（liáoluò）：孤单，寂寞。
157 寡欢（guǎhuān）：缺少欢乐。
158 恍惚（huǎnghū）：精神不集中，神志不清楚。
159 一厢情愿（yìxiāng-qíngyuàn）：指单方面的愿望或不考虑客观实际情况的主观意愿。同"一相情愿"。

机也没有出现任何有价值的消息——看起来她和田满的事就这样了。"三八"妇女节是所有高中女人最为重大的节日，不少女人都能在这一天收到男士们的献花。说到底献花和"三八"没有一点关系，它是情人节的延续，也可以说是情人节的一个变种。一个高中女人如果在情人节的这一天收到鲜花，它的动静太大，老师们，尤其是家长们，少不了会有一番问。"三八"节就不同了，手捧着鲜花回家，父亲问："哪来的？"答："男生送的！"问："送花做什么？"答："——嗨，'三八'节嘛！"做父亲的这时候就释然[160]了："你看看现在的孩子！"完了。还有一点也格外重要，情人节送花会把事态弄得过于死板[161]，它的主题思想或段落大意太明确、太直露了，反而会叫人犹豫：送不送呢？人家要不要呢？这些都是问题。选择"三八"节这一天向妇女们出手，来来往往都大大方方。

小艾的"三八"节平淡无奇，就这么过去了。

> 为什么"三八"妇女节是高中女人们最重大的节日？

---

160 释然（shìrán）：疑虑等消除后心中平静的样子。
161 死板：刻板，不变通，不灵活。

依照小艾的眼光看来,"三八"节是她和田满最后的期限,如果过去了,那就一定过去了。吃晚饭的时候小艾和她的父母坐在一张饭桌上,突然想起了田满,<u>一家子三口顿时就成了茫茫人海。Monika 厉害,厉害啊!</u>

"过去吧,就让它过去吧!"小艾对自己说。对高中的女人们来说,日子是空的,说到底也还是实的,每一个小时都有它匹配的学科。课堂,课堂,课堂。作业,作业,作业。考试,考试,考试。儿子,再见了。但是,<u>一到深夜,在一个日子结束的"那个"时刻,在另外一个日子开始的"那个"时分,小艾还是清清楚楚地看见了时光的裂痕</u>[162]。这裂痕有的时候比手机宽一点,有的时候比手机窄一点,需要"咔嚓"一下才能过得去。不过,说过去也就过去了。儿子,妈其实是喜欢你的。乖,睡吧。做个好梦。Over。

后来的日子里小艾只在上学的路上见过一次田满,一大早,田满和篮球队的队员正在田径场

> "三八"节没有收到花,对于小艾来说意味着什么?

> 画线的句子是什么意思?

> 从这里可以看出,小艾对田满的情感是怎样的?

---

162 裂痕(lièhén):裂缝。

> 小艾再见到田满时，田满的情况怎么样？

上跑圈。小艾犹豫再三，还是立住了，远远的，站了十几秒钟。田满的样子很不好，耷拉[163]着脑袋，垂头丧气[164]的样子，晃晃悠悠地落在队伍的最后。小艾意外地发现，在田满晃悠的时候，他漫长的身躯是那样的空洞，只有两条没有内容的衣袖，还有两条没有内容的裤管。就在跑道拐弯的地方，田满意外地抬起头来，他们相遇了。相隔了起码有一百米的距离。他们彼此都看不见对方的眼睛，但是，一定是看见了，田满在弯道上转过来的脑袋说明了这个问题。田满并没有挥手，小艾也就没有挥手。到了弯道与直道的连接处，田满的脖子已经转到了极限，只好回过头去了。田满这一次的回头给小艾留下了极其难忘的印象，是一去不复返的样子，更是难舍难分的样子。小艾记住了他的这个回头，他的看不见的目光比他的身躯还要空洞。孩子瘦了。即使相隔了一百米，小艾也能看见田满的眼窝瘦成了两个黑色的窟窿。再不是失恋了吧。不会吧。小艾望着

> 对田满的状况，小艾是怎么猜想的？

163　耷拉（dāla）：下垂，这里形容没有精神的样子。
164　垂头丧气（chuítóu-sàngqì）：头低垂直，情绪低落。不如意，没精神的样子。

田满远去的背影，涨满了风。小艾牵挂[165]了。小艾捋了捋头发，早晨的空气又冷又潮。儿行千里母担忧啊。

小艾掏出了手机，想给他发个短信，问问。想了想，最终还是她的骄傲占据了上风。却把她的短信发到乔韦的那边去了：老公，儿子似乎不太好，你能不能抽空和他谈谈？

> 小艾为什么叫乔韦去和田满谈谈？

就在进教室的时候，乔韦的回话来了：还是你谈吧，你是当妈的嘛。

> 乔韦愿意吗？

小艾走到座位上去，把门外的冷空气全带进来了。她关上手机，附带看了一眼乔韦。乔韦在眨眼睛，在背单词。小艾的这一眼被不少小叔子[166]看在了眼里。小叔子们知道了，女人在离婚之前的目光原来是这样的。只有乔韦还蒙在鼓里。你还眨什么眼睛噢，你还背什么单词噢，嫂子马上就要回到人民的怀抱啦！

> 小艾的这一眼有什么样的含义？

田满的出现相当突兀[167]，是四月的第一个星

> 田满是什么时候再出现的？

165　牵挂（qiānguà）：因放心不下而想念；挂念。
166　小叔子：丈夫的弟弟。
167　突兀（tūwù）：突然。

期三。夜间零点十七分，小艾已经上床了，手机突然蠕动[168]起来，吓了小艾一大跳。小艾一摁键，"咣当"一声就是一封短信，是一道行动指令："嘘——走到窗前，把脑袋伸出来，朝楼下看。"

小艾走到窗前，伸出了脑袋，一看，路灯下面孤零零的就是一个鸡窝头。那不是田满又是谁呢。田满并没有抬头，似乎还在写信。田满最终举起了手机，使用遥控器一样，对准小艾家的窗户把他的短信发出去了。小艾一看，很撒娇[169]的三个字：妈，过来。

> 对于田满的出现，小艾的心情怎么样？

小艾喜出望外[170]，蹑手蹑脚[171]的，下楼了，一直走到路灯的底下。田满的上身就靠在了路灯的杆子上，两只手都放在身后。他望着小艾，在笑。小艾背着手，也笑。也许是因为路灯的关系，田满的脸色糟糕得很，近乎土灰，人也分外[172]的疲

---

168 蠕动（rúdòng）：泛指像虫类爬行的样子。
169 撒娇（sā jiāo）：因为知道对方喜爱自己而故意做出任性的姿态。
170 喜出望外（xǐchūwàngwài）：望，希望、意料。由于发生了没有想到的好事而非常高兴。
171 蹑手蹑脚（nièshǒu-nièjiǎo）：形容放轻脚步走的样子。
172 分外（fènwài）：特别；格外。

惫[173]，的确是瘦了。小艾猜出来了，她的乖儿子十有八九被 Monika 甩[174]了，深更半夜的，一定是到老妈这里寻求安慰来了。好吧，那就安慰安慰吧，孩子没爹了，怎么说也得有个妈。不过田满的心情似乎还不错，变戏法似的，手一抬，突然从背后抽出了一束花，有点蔫[175]，一直递到了小艾的跟前。小艾笑笑，犹豫了片刻，接过来了。放在鼻子的下面，清一色是康乃馨[176]。

"你怎么知道我住在这儿？"小艾问。

"我昨天就派人跟踪[177]了。"

小艾叹了一口气，唉，这孩子，改不了他的"下三烂"。

"近来好不好？"小艾问。

"好。"

"Monika 呢？"小艾问，"你的，Monika 妹

> 对于田满到来的原因，小艾是怎样猜想的？

> 田满给小艾送的什么花？为什么？

> 田满是怎么知道小艾的住处的？

173　疲惫（píbèi）：极度疲劳，特别累。
174　甩（shuǎi）：这里指抛弃。
175　蔫（niān）：植物失去水分而萎缩，也可以比喻人的精神状态差。
176　康乃馨（kāngnǎixīn）：英文 carnation 的音译，一种石竹科的花，母亲节时常用来送给母亲。
177　跟踪（gēnzōng）：有意地、偷偷地跟随。

妹，好不好？"

"好。"田满说。田满这个晚上真是变戏法来了，手一抬，居然又掏出一张相片来了，是一个婴儿，混血，额头鼓到了不可思议[178]的地步。

"谁呀这是？"小艾不解地问。

> Monika 到底是谁？

"Monika。我妈刚生的，才四十来天。"

"——你妈在哪儿？"

> 田满的妈妈在哪儿？

田满用脚后跟点了点地面，说："那边。"世界"哗啦"一下辽阔了，循环[179]往复，无边无垠[180]。田满犹豫了片刻，说，"我四岁的时候她就跟过去了。"

小艾望着田满，知道了。"是这样。"小艾自言自语说，"原来是这样。"小艾望着手里的康乃馨，不停地点头，不知道说什么好了。小艾说——"花很好。妈喜欢。"

小艾就是在说完"妈喜欢"之后被田满揽

178　不可思议（bùkě-sīyì）：过于奇怪，不合常情，无法想象或理解。
179　循环（xúnhuán）：运行一周又回到原处。
180　无边无垠（wúbiān-wúyín）：形容范围极为广阔。同"无边无际"。

第六课　家　事

入怀中的，很猛，十分地莽撞[181]。小艾一点准备都没有。小艾一个踉跄[182]，已经被田满的胸膛裹[183]住了。田满埋下脑袋，把他的鼻尖埋在小艾的头发窝里，狗一样，不停地嗅[184]。田满的举动太冒失[185]了，小艾想把他推开。但是，小艾没有。就在田满对着小艾的头发做深呼吸的时候，小艾心窝子里头晃动了一下，软了，是疼，反过来就把田满抱住了，搂紧了。小艾的心中涌上来一股浩大的愿望，就想把儿子的脑袋搂在自己的怀里，就想让自己的胸脯好好地贴住自己的孩子。可田满实在是太高了，他该死的脑袋遥不可及。

对于田满突如其来的举动，小艾的心情是什么样的？

小艾反而把田满搂紧了，怎么理解这种心情？

　　深夜的拥抱无比地漫长，直到小艾的后背被一只手揪住了。<u>小艾的身体最终是从田满的身上被撕开的</u>。是小艾的父亲。小艾不敢相信父亲能有这样惊人的力气，她的身体几乎是被父亲"提"到了楼上。"谢树达，你放开我！"小艾在楼道

拥抱是怎样结束的？

181　莽撞（mǎngzhuàng）：鲁莽。指说话做事不经过慎重考虑。

182　踉跄（liàngqiàng）：走路不稳的样子。

183　裹（guǒ）：包；缠绕。

184　嗅（xiù）：闻。

185　冒失（màoshi）：鲁莽、轻率，缺乏慎重的考虑。

127

里尖声喊道，"谢树达，你放不放开我？！"小艾的尖叫在寂静的夜间吓人了，"——他是我儿子！——我是他妈！"

赏析：

　　正值花季的少男少女们青春萌动，可是家长和老师却不希望他们从紧张的学习中分心，于是孩子们便把恋爱转入了"地下"。一群表面上好好学习的乖孩子，私下里却开始了热闹红火的"新生活运动"，借以冲淡学习生活的枯燥与无聊。有名无实的婚姻生活、夫妻吵架、孤儿寡母……孩子们发明的这套游戏，戏仿了现实生活，也小小地品尝到了人生的酸甜苦辣。这是中国当代中学生情感生活的既真实又略带夸张的写照。

　　欣赏这篇小说的大多数读者的人生经验都要高于小说中的人物，读者洞悉小说人物的心理和情势，反观人物的自以为是，便增加了故事的喜剧感。小说结尾顺理成章的伏笔，又使故事充满了一波三折的戏剧感。小说语言模仿中学生的口吻，使用他们最流行的话语表现方式，使我们好似潜伏于"地下"生活的"卧底"，尤富于新鲜感。

练 习

一、根据课文内容选择正确答案

　　1. 小艾是乔韦的（　　）。
　　　A. 妻子　　　　　B. 女朋友　　　　C. 同学
　　2. 田满是小艾的（　　）。
　　　A. 儿子　　　　　B. 男朋友　　　　C. 同学

3. 乔韦和田满是（　　）。

   A. 兄弟　　　　　B. 连襟　　　　　C. 父子

   D. 同班同学　　　E. 同学

4. 小艾和（　　）在恋爱。

   A. 乔韦　　　　　B. 田满　　　　　C. 谢树达

5. 学校里男生在"三八"节送女生花，是因为想（　　）。

   A. 表达对女生的敬意

   B. 表达对女生的爱情

   C. 表达对女生的节日祝福

6. 田满送小艾康乃馨，是因为（　　）。

   A. 康乃馨表示对母亲的爱，田满想表达对小艾的孝心

   B. 康乃馨是一种比较含蓄的花儿，表达爱意时不太露骨

   C. 田满想送花给小艾，选择了表达对母亲的爱的康乃馨，这样即使被发现了也可以掩饰过去

7. 小艾因为（　　）不理田满了。

   A. 田满新结交了个妹妹

   B. 田满有太多的妹妹

   C. 田满又有了一个妹妹 Monika

8. 田满瘦了，是因为（　　）。

   A. 篮球训练太艰苦

   B. 小艾对他的冷淡让他受不了

   C. 田满追求 Monika 失败了

9. 以下哪个选项是正确的？（　　）

   A. 小艾"三八"妇女节那天没有收到乔韦送的花，她很失望

   B. 小艾"三八"妇女节那天收到了花，回家后她的父亲很奇怪

   C. 小艾盼望"三八"妇女节时收到男生的花，但没有人送她花

10. 故事的结尾，(　　)。

　　A. 小艾想和田满发展关系

　　B. 小艾想和乔韦继续下去

　　C. 小艾不会在中学阶段谈恋爱

二、把每组中意思相近的两个词语圈出来

1. 鲁莽　冒失　不屑
2. 嗅　瞄　闻
3. 呼啸　踉跄　蹒跚
4. 追溯　搪塞　追究
5. 傲滋滋　矜持　窘迫
6. 巍峨　拔地而起　理直气壮
7. 摁　裹　揿
8. 一柱擎天　顶天立地　无动于衷
9. 利令智昏　鬼迷心窍　无坚不摧
10. 久仰　笑纳　幸会
11. 嫉妒　妩媚　吃醋
12. 措手不及　猝不及防　稍纵即逝
13. 错综　寥落　寡欢
14. 垂头丧气　前仆后继　失魂落魄
15. 失落　沮丧　忧戚
16. 蘸　捋　抚
17. 虚拟　势利　虚构
18. 超越　露骨　僭越
19. 听话　缠绵　乖
20. 如释重负　逞能　释然

21. 心照不宣　默契　咄咄逼人
22. 邂逅　打理　不期而遇
23. 菜鸟　马屁精　马驹子
24. 舔　吮　挑
25. 无边无垠　苍茫　粗枝大叶

三、解释课文中画 ~~~ 的部分

四、从课文中选出 20 个成语造句，每句不少于 20 字

五、概述故事，400 字左右

六、课堂表演：分组，每组 3 ~ 4 人，把课文中的故事表演出来

第七课　不受欢迎的客人

张怡微[1]

【课前热身】

1. 你对自己的生活满意吗？
2. 你理想中的爱情和婚姻是什么样的？
3. 如果你的生活和理想有距离，你会怎么办？
4. 在你的生活中，最了解你的人是谁？为什么？

> 小说的主人公是谁？
>
> 他们对生活满意吗？
>
> 何明和春丽的性格是怎样的？

春丽随丈夫何明在这间小区照相馆工作已经第七个年头了。要说挣到的钱，几乎都做给房东[2]。要说感情，无非是交了一些奇奇怪怪的朋友，知道了一些社会上的奇闻异事[3]。何明是个保守[4]的人，许多事看不惯，例如帮同性恋人拍结婚照，他就在心里嘀咕[5]："怎么正常结婚的都看

---

[1] 张怡微（1987—　）：女，复旦大学中文系教师。出版有小说集、散文集十余部，作品获2011年香港青年文学奖小说高级组冠军，2013年获时报文学奖短篇小说组首奖、联合报文学奖短篇小说组评审奖、台北文学奖散文首奖，2014年获紫金"人民文学之星"散文大奖。

[2] 房东：租房给别人、获得房租的人。

[3] 奇闻异事：奇怪的新闻和事情。

[4] 保守：思想停留在过去，跟不上时代的发展，守旧。

[5] 嘀咕（dígu）：小声地说。

不上我们店。"尽管如此，他还当他们是甜蜜的少年夫妻，要他们"靠近一点，笑一笑"。例如他一直帮老人做旧照翻新⁶，直到他们猝然⁷离世，才发现照片里的女生根本不是老人的原配⁸夫人，赊⁹的账也不好去要了。尽管如此，<u>何明还是将这些青春里的爱或是暮年¹⁰里的慕¹¹统统归档放在抽屉里</u>。春丽喜欢看照片里的客人四目有情、暧昧¹²八卦¹³，何明却常常对自己照相馆的"受众群"¹⁴感到失望，他觉得这些乱七八糟的事情和自己当初从贸易公司离职创业的初衷¹⁵是不太一样的，他一直以为自己爱好摄影多过于包容眼下这些千奇百怪的摄影对象。但偶尔¹⁶也有温馨的慰

> 根据画线句子，"爱"与"慕"有什么不同？

> 何明一直都是摄影师吗？

---

6 旧照翻新：把老照片用新技术修整后再洗印出来。
7 猝然：突然。
8 原配：第一个具有法律效力的妻子。
9 赊（shē）：买卖货物时延期付款或收款。
10 暮年：老年。
11 慕：想念不停，不愿忘记。
12 暧昧（àimèi）：关系不公开明确，不愿意让别人知道。
13 八卦：这里作动词，指对别人隐私的猜测或议论。
14 受众群：接受服务的人的统称，这里指顾客。
15 初衷：最初的希望未来成为什么样的想法。
16 偶尔：有时候，不经常。

藉¹⁷，如独生子去国求学多年，何明看到相仿年纪的男孩子过来店里拍护照照片，到底还是<u>移情¹⁸，心里想得很</u>。怎么送他走的，机场怎么道别，甚至憋¹⁹着尿都要目送儿子直到通道尽头，历历在目²⁰。但春丽知道，丈夫宁愿少收顾客十块钱，都不愿意用APP给儿子传一段语音。男人就是这样犟²¹。

> 何明常常和儿子通话吗？为什么？

春丽其他大小事都不管，什么打灯、修片、裁照、覆膜、贴相本。她自觉年纪大了、笨手笨脚，统统都不想理会²²。她只管账，顾客们满面春风夸老板娘又年轻又漂亮，她也客客气气送往迎来，笑说："我儿子都在美国读硕士班咧，他都靠成绩拿奖学金的。"得意的利剑一石二鸟²³。但是议价²⁴这种事，无论说多少好话，在她春丽这边

> 夫妻俩对照相馆的工作是怎么分工的？

> 画线的句子是什么意思？

---

17 慰藉（wèijiè）：安慰。
18 移情：把对A的感情转移到B上。
19 憋（biē）：使劲忍住，勉强忍耐。~尿｜~气｜心里有话~不住。
20 历历在目：清清楚楚地呈现在眼前。
21 犟（jiàng）：不听劝，不让步，不肯改变。
22 理会：处理，管（多用于否定式）。
23 一石二鸟：扔一块石头打中两只鸟。比喻做一件事情得到两种好处。
24 议价：讨价还价。买卖双方商量决定价格。

都是行不通的。为此，她和何明经常争执[25]，又数度[26]和好，本来也就是十几二十块的事。因而小区中，想还价的客人都要趁春丽不在的时候到店里找何明，不想还价的客人反倒是觉得还是春丽笑盈盈比虎着脸[27]的何明态度好。这个奇异的平衡就这样默默维系着，春丽和何明心里都明白，谁也不说破。

> 他们经常为什么吵嘴？

> 为什么有的客人喜欢何明，有的客人喜欢春丽？

每周，春丽还要抽两天时间早起去看独居的老母亲，和这间不赚钱的照相馆相比，还是时日无多[28]的母亲要紧。她出门时，何明会睡眼惺忪[29]在床上喊一声："慢点走，坐捷运[30]。"春丽则大声回答："早饭在锅里哦。"为了省下车钱，又为了排解无聊，春丽都坐公交车，顺道看看风景、想想心事。捷运黑漆漆又喧嚣[31]，让人喘不过气。

> 在春丽心里，母亲和工作哪一个更重要？

25　争执（zhēngzhí）：争论中都坚持自己的看法，不肯让步。
26　数（shù）度：多次。
27　虎着脸：表情严肃的样子。
28　时日无多：时间、日子不多了。这里指活着的日子不多了。
29　惺忪（xīngsōng）：刚睡醒时眼睛看不清楚的样子。
30　捷运：即地铁。
31　喧嚣（xuānxiāo）：声音杂乱，不清净。

> 为什么春丽不把母亲接到一起住?

春丽想过,即使将母亲接到身边来住,睡在儿子的空房间里,也是无用,他们夫妇俩还是要出来店里守着相机维持生计。何明年纪还轻,又没有退休金;自己虽然已经退休,<u>但到底钱不经花</u>。两人要上班,全凭生意好坏,没有固定薪水[32],房租倒是一个月都不能欠,还有一个在美国帮人家麦当劳点餐勤工俭学[33]的儿子。于是,还是没有人能二十四小时在家陪伴母亲。春丽一直对何明说:"等妈妈眼睛看不见了,不能自己做饭,我就接她过来住吧。"

何明自然希望老岳母眼明心亮到永远。

> 何明和春丽两个人的母亲目前过得怎么样?

春丽暗地里知道,何明也想接自己母亲一起住。他自己不好意思说,店又不赚钱,他指望春丽提出来。但春丽总放不下自己家。<u>如今两个老妇人尚能生活自理,一切就杠[34]在未知里,也是无奈的平衡</u>。

想到他们的老顾客秀芬去年沉着脸来店里,

---

32 薪水:工资。
33 勤工俭学:靠打工的收入维持学业。
34 杠(gàng):这里作动词,意思是僵持,互不相让。

春丽照例寒暄:"上周看到你爸爸过来公园散步呢。"秀芬说:"春丽,我来就是为他。"她于是从包包里取出一张黑白照片,春丽心里一紧。

"我爸爸没了。"秀芬说,"最后一次麻烦你们,做个像,配个框。"

> 秀芬来店里做什么?

何明也透过老花镜向外打量³⁵憔悴³⁶的秀芬。

> 秀芬为什么憔悴?

"春丽,多去看看你妈妈。真的,我一个礼拜看爸爸两次,上次我刚走,只有两天,再开门,房间已经有味道了。他摔在客厅里,没站起来……我很内疚³⁷。原想追思会³⁸要叫你们一起来,我们家亲戚少,现在也不办了,我怕人家说我照顾不好……"

> 秀芬为什么不办追思会了?

秀芬像是要哭,但比哭更严重的,是她后来真的再也没有来过照相馆。她的内疚看来是很重的。春丽挺想念秀芬的,尤其是每周两次看望母亲的路途中。

---

35 打量(dǎliang):仔细地端详、察看。
36 憔悴(qiáocuì):面色发黄,消瘦,看起来没精神,像生病了的样子。
37 内疚(nèijiù):心里感到惭愧而不安。
38 追思会:追忆逝者的会。相当于葬礼或追悼会。

"这种事怎么说呢,真的怪不到秀芬。她已经算是孝女。"何明说。他也是顺便在劝慰春丽。男人的感情和女人不一样,何明从来不会和母亲耳鬓厮磨[39],也不说什么对得起、对不起的话。但对春丽来说,这种故事最听不得,隐忧是永恒的愁云。

> 何明和春丽孝顺吗?

如今时代变化太快,大部分人都有家用打印机冲洗照片。更多的人拍摄千万张数字照片都不会想到要洗出来。但也有例外,有老妇人就带着SD卡里上百张旅行照片,对何明说:"我眼睛看不清楚,你帮我挑十张吧,我相信你。"如果生意不忙,这些繁重的活,何明也耐心帮着做,顺便还要听老人说自己子女多孝顺,可再孝顺,就连帮忙挑照片这种事,竟都要外人做,春丽听听就笑笑,不忍心伤害老人家。

> 照相馆的生意好吗?为什么?

其实何明的主要业务,接不到婚纱,接不到婚宴,倒是帮老人旧照翻新、制作遗像,或者是

> 何明的照相馆做什么能赚到钱?

---

39 耳鬓厮磨(ěrbìn-sīmó):两人的耳朵与耳朵前面的头发都碰在一起,形容在一起很亲密的样子。

第七课　不受欢迎的客人

帮老人带的孙辈拍百日照[40]、全家福。只要能制作一本相册，何明修个十八张相片，就能有千余元利润。至于证件照或者冲印照片，反倒是不赚钱的，全当做便民[41]好事。

生意冷清，春丽有天看不惯说气话："人家老公创业是发财以后再做好事，我老公目光高远，直接不去赚钱尽做好事。"说得何明有点不悦[42]，也给她戳[43]回去："人家老婆是二婚温良恭顺抬不起头，我老婆是二婚凶得很，倒活得像我是二婚。"春丽被他气到，一时语塞[44]，想到年轻时候被前夫欺负、千辛万苦把儿子抚养大又送去美国、老母亲孤苦伶仃没有人照顾，眼泪就哗哗掉下来，做人真是没意思。这时老贾推门进来，看到这一幕，惊了，又想退出去，尴尬得要命。

"老贾啊，来，没事的。"何明说。

老贾是店里的老客人，也是春丽最不喜欢的

> 从两人的吵嘴可以知道什么？

> 春丽为什么流泪？

> 老贾为什么尴尬？

> 老贾是春丽欢迎的客人吗？为什么？

40　百日照：婴儿出生一百天的时候拍的照片，中国很多地方有这样的习俗。
41　便（biàn）民：使人民方便，服务大众。
42　不悦：不高兴。
43　戳（chuō）：见第五课注119，这里是用言语攻击的意思。
44　语塞（sè）：说不出话来。

那一种爱聊天、不做生意的闲客。开店时日久了,春丽和何明各有自己的"拥趸"[45]。春丽喜欢秀芬这种,来就是要做成一笔生意,且不讨价还价,顺便还能聊一点煽情[46]的家长里短[47]的客人,而何明倒是不讨厌像老贾这样每个月只拿一张旧照来修、一年只做一本相册的顾客。老贾是退伍老兵,一生传奇。<u>心里走过的万水千山,老来什么都看不出来,好在老照片会说话</u>。老贾倒是不太提及自己的当年勇,一些关键的时期过后,他也不说政治,总说老婆孩子。他拿来修的照片,有的有人,有的没有。如大女儿念小学一年级算数比赛的奖状,他会拍一张,要何明帮忙做到相册里;中学毕业,又是一张,都标好了时间、地点。去公园划船有一张,爬山要一张,有山有水,他都有道理。五六年来,他一年给一位家人做一本相册,做完了老婆、儿子、女儿,甚至还做了一本他不愿意透露姓名的女士,从年轻时卷发白裙

> 老贾以前是做什么的?

> 画线的句子是什么意思?

---

45 拥趸(yōngdǔn):指支持者,拥戴者。
46 煽情:激发人内心的感情。
47 家长里短:指普通人家日常生活中的小事。

子，到老来一头银发依然旗袍披肩。老贾说："她人好，但一生没有嫁。"

春丽早就看出苗头[48]，于是那一本神秘女士的，做之前就把相册的钱收好了。但收完她又后悔，因为明显这一本，老贾的要求多而反复，解释照片的时间也长，心意纠结，语焉不详[49]。男人的友情，是不会当着内人[50]的面问到细微处的。何明虽然心里也略知一二[51]，但从来不会探听[52]。老贾会说："这条裙子是奶咖的，不是白的，也不是黄的，你帮我调一调。这条裙子当时要四十块钱。很好看的。"何明于是就用Photoshop调一下，对他来说其实是举手之劳[53]。

"那本相册，你还记得吗，我给她寄去了。她很喜欢。谢谢你，完成我一个心愿。"老贾对何明说。"我们何明真是对你好得不得了，翻来

> 从老贾做的相册里，可以知道什么？

> 为什么春丽要先收钱再做相册？为什么收完钱以后又后悔了？

> 为什么老贾对这本相册的要求这么多？

48　苗头：比喻事情刚刚显露出迹象。
49　语焉不详（yǔyān-bùxiáng）：虽然说到了，但是说得不详细。
50　内人：丈夫在别人面前对自己妻子的称呼。
51　略知一二：稍微知道一点儿。
52　探听：打听，不直接问却想弄清楚。
53　举手之劳：抬抬手就能做的事情。比喻事情很容易做到。

覆去[54]修[55]了十万八千遍，只算普通的钱哦。"

春丽觉得老贾代表了再老实的男人心里也是不老实的，再爱子女的父亲心里也是有"奶咖"裙子的。老贾的心愿多得像天上的星星，但他的这个心愿和那个心愿又是矛盾的，怎么也摆不平。何明却说："他都老成这样了，对自己坦诚一点，又能坦诚几天。"

> 春丽和何明对老贾的看法一致吗？

"说不定明天就死了。"何明补充道。

春丽知道何明又发倔[56]脾气，真是受不了他。其实谁又能比春丽更懂得何明的好，当年儿子只有两岁大，第一声"爸爸"叫的是何明。二十年来，何明一直没有自己的孩子，这也是天意弄人。但说到底，他想穿了，做做自己的爱好，也对春丽儿子用了真感情。更何况憋尿是假，目送是真。其实儿子出国那日，何明胆结石[57]作祟[58]，

---

54 翻来覆去：反反复复，来来回回。
55 修：这里指修饰照片。
56 倔（jué）：固执。与"犟"同义。
57 胆结石：一种胆道结石病，发作起来疼痛难忍。
58 作祟（zuòsuì）：作怪，捣乱，使不能正常进行。

第七课　不受欢迎的客人

他一直忍着剧痛[59]，直到最后都帮儿子拖着登机行李。儿子的身影一消失他就哭了，整个人软在地上，扶着春丽说："老婆，我想去厕所，我想去医院……机场啊，到哪里找医院啊！"春丽……飙升[60]，反倒是像个白痴[61]一样愣……六神无主，满脸急汗，疼得……拖着春丽的手，上了机场……都碎成饺子馅，她还没……恢复过来，转而又被……年来，她第一次有……的感觉，但这种……"蛮怎么那么麻烦……。何明则……明愧疚地……

何明爱春丽吗？

春丽为什么感到愧疚？

59　剧痛：剧烈的……
60　飙升：突然而……
61　白痴：傻瓜，呆……
62　蛮好叫个车的：……一辆出租车。

……说当时应该叫

春丽知道，何明是不想让儿子担心，也不想让她多花钱。

也就是那次生病以后，何明性情变得柔软了一些，常常会在家里看电视时握住她的手，或者在早起看母亲的时候揉揉她的腰说："不然晚点走。"春丽一直以为自己连夜照顾这位疼过吗啡[63]的"二道[64]丈夫"，终于劳苦功高[65]地彳相濡以沫[66]的报偿，殊不知[67]何明排泄[68]┌粒大的结石之后，依然对生活是有脾气

"人家老婆是二婚温良恭顺抬7婆是二婚凶得很，倒活得像我是7

这话说得那么重，春丽才

> 何明的口才好吗？

来，何明不是口拙[69]不会讥诮体悟[70]到这一点，春丽也不

63　吗啡（mǎfēi）：英文 morphine 的音译，一种止痛针
64　二道：二手的，这里是指第二任丈夫。
65　劳苦功高：出了大力，吃了大苦，立了大功。
66　相濡以沫（xiāngrú-yǐmò）：濡，沾湿。沫
　　一同在困难的处境里，用微薄的力量互
67　殊不知：竟不知道，竟没有想到。
68　排泄（páixiè）：排出，把体内无用
69　口拙（zhuō）：嘴笨，不懂说话
70　体悟：明白，理解，体会。

他一直忍着剧痛[59]，直到最后都帮儿子拖着登机行李。儿子的身影一消失他就哭了，整个人软在地上，扶着春丽说："老婆，我想去厕所，我想去医院。"

"这里是机场啊，到哪里找医院啊！"春丽脑子一乱，血压飙升[60]，反倒是像个白痴[61]一样愣在原地。何明看春丽六神无主，满脸急汗，疼得一句话说不出，硬撑着拖着春丽的手，上了机场大巴。那一刹那春丽的心都碎成饺子馅，她还没来得及从告别儿子的伤感中恢复过来，转而又被这位憨傻的丈夫感动了。二十年来，她第一次有了他们这辈子是要永远一起受罪的感觉，但这种感觉一点也不幸福，她觉得人活着怎么那么麻烦啊！没有一分钟可以喘息。

何明爱春丽吗？

"蛮好叫个车的。"[62] 事后春丽对何明愧疚地说。何明则淡淡地说："下次吧。"

春丽为什么感到愧疚？

59　剧痛：剧烈的疼痛。
60　飙升：突然而快速地上升。
61　白痴：傻瓜，呆子。
62　蛮好叫个车的：上海方言中，蛮好后面加句子，表示后悔。这句话是说当时应该叫一辆出租车。

春丽知道，何明是不想让儿子担心，也不想让她多花钱。

也就是那次生病以后，何明性情变得柔软了一些，常常会在家里看电视时握住她的手，或者在早起看母亲的时候揉揉她的腰说："不然晚点走。"春丽一直以为自己连夜照顾这位疼过十支吗啡[63]的"二道[64]丈夫"，终于劳苦功高[65]地获得了相濡以沫[66]的报偿，殊不知[67]何明排泄[68]出那颗米粒大的结石之后，依然对生活是有脾气的。

"人家老婆是二婚温良恭顺抬不起头，我老婆是二婚凶得很，倒活得像我是二婚。"

这话说得那么重，春丽才意识到原来一直以来，何明不是口拙[69]不会讥讽她，而是在让她。体悟[70]到这一点，春丽也不知道是喜是悲。这一

> 何明的口才好吗？

63　吗啡（mǎfēi）：英文 morphine 的音译，一种止痛针。
64　二道：二手的，这里是指第二任丈夫。
65　劳苦功高：出了大力，吃了大苦，立了大功。
66　相濡以沫（xiāngrú-yǐmò）：濡，沾湿。沫，唾沫。水干了，鱼吐沫互相润湿。比喻一同在困难的处境里，用微薄的力量互相帮助。
67　殊不知：竟不知道，竟没有想到。
68　排泄（páixiè）：排出，把体内无用的东西排出去。
69　口拙（zhuō）：嘴笨，不懂说话的技巧。
70　体悟：明白，理解，体会。

切尴尬的局面，竟还被老贾看到，<u>他们两家也算扯平了</u>。

是年[71]老贾七十八了，他说算命先生说他活不过八十三，所以最后一本留给自己的相册，他打算慢慢做。

> 春丽为什么心情复杂？

"慢慢做"这三个字听在春丽耳中就是"少付钱"的代名词。如果来的全是老贾这样的客人，他们全家都要喝西北风[72]去了。老贾也知道春丽心里对他不欢迎，他年纪虽大，到底脑子很清楚。一般来说，他会问何明春丽哪天到母亲家去，他找春丽不在的时候来。春丽则说他是"老鬼，以前做匪谍[73]的出身"。

> 老贾为什么要趁春丽不在的时候到照相馆来？

何明努力在老婆和老贾之间平衡，其实他也知道不该那么顶撞[74]春丽。春丽是一个本分[75]的老婆，若不是生活艰难，也不会把自己打造成小市民。她爱美，喜欢听好话，心也软，照相馆里

---

71 是年：这一年。
72 喝西北风：俗语，意思是没有吃的，只好喝西北风过日子。指挨饿。
73 匪谍：这里指秘密获取敌方信息的间谍。
74 顶撞：指用强硬的话反驳对方，多指对长辈、上级。
75 本分（fèn）：老实，安于自己的身份和现实。

145

> 为什么说照相馆里的顾客不会讲话？

> 春丽为什么不对顾客说出实情？

挂满了春丽各个时期的照片，但顾客总是很不会讲话地问春丽："这照片里的女生好看的，是谁呀？"

春丽也不动气，只说"是呀，年轻女生就是好看"。

何明帮春丽翻新旧照，从来不问她笑得那么明媚[76]，镜头对面是谁在拍。

生活里总是有很多秘密，何明经营这间不成功的照相馆以来最大的收获，便是知道了人的一生都会有过很多不为人知的隐情。这也没有什么不好，完全不影响生活。过时的秘密是青春里最值得回味的东西。

老贾拿出了自己的百日照、和父亲母亲的合照、上小学的照片、参军的照片、退伍的照片、恋爱的照片、结婚照、抱着新生儿的照片、第一次带孩子去日本玩的照片……太多了，一本做不下，于是做第二本。做第二本时，何明对老贾说，不用先付钱了，做着再说。

76　明媚：多形容景物或人的眼神、姿态鲜妍悦目。

老贾说:"我还想做第三本……这第三本,我要先付钱的。我给你写一个地址,你记得去找这位小姐。如果我走了,你帮我送给她。如果她也走了,你记得烧给我[77],不要给别人了。"

何明答应了。<u>春丽在心里白了全世界男人一眼</u>,也答应了。但谁都不晓得,老贾一语成谶[78]。

最先发现老贾很久没有来的是春丽。她问起何明:"老贾最近越来越精[79]了,是不是连我上厕所的时间都要算准了再来,不让我看到。"

何明抬起头说:"他是一个月没有来了。"

"不知道会不会怀孕[80],哈哈哈哈哈哈!"

春丽被自己的小聪明笑得前俯后仰[81],没想到何明一点都没有笑出来。她觉得自己大概是开错玩笑,毕竟何明从来没有给她机会说过这样的话。但春丽不是这个意思,她取笑的是老贾,他

老贾这次在照相馆做了几本相册?

如果收件人不在了,第三本相册老贾要求怎么处置?

画线句子是什么意思?

为什么说老贾一语成谶?

为什么会是春丽最早发现老贾很久没来?

---

77 烧给我:中国人相信人死后会进入另一个世界,把东西烧化后,死者就会得到它。
78 一语成谶(chèn):谶,将来要应验的预言。指一句无心的话竟然和后来发生的事实相符。一般指不好的话。
79 精:精明,聪明。
80 怀孕(huái yùn):女人肚子里有小孩儿了。
81 前俯后仰:前仰后合,指大笑时身体前后摆动的样子。

还有相册钱没有付呢，照片也都落在他们店里，怎么人消失了。

"怎么人消失了。"何明喃喃自语[82]道。

问遍整个小区，何明才知道，老贾也在找他。

> 老贾为什么没有来？
>
> 老贾为什么在弥留之际要见何明？

老贾是半个月前中风[83]的，中风以后直送加护病房[84]，半边不能动了。医生仔细检查，又发现他脑出血。弥留之际[85]，老贾一直都支支吾吾[86]叫着"何明，何明"。家人都以为那是某种食物，他想要走前吃一下。谁都没有想到这是一个人名，没有想到他临死前要见的人竟然是一个摄影师。

在何明找他的时候，老贾的家人也在找何明。待何明与春丽终于到医院病房，见到那些照片里他帮忙去掉皱纹的老妇人、去掉痘痘[87]色斑

82　喃（nán）喃自语：自己不断地轻声和自己说话。
83　中风（zhòngfēng）：一种病，多由脑血管栓塞引起。得病后身体一部分或全部不能动，严重时可当场死亡。
84　加护病房：医院中为危重病人准备的加强护理的病房。
85　弥（mí）留之际：弥留，本指久病不愈，后多指病重将死。际，时候。病危将死的时候。
86　支吾（zhīwu）：口齿不清楚，说话让人听不明白。
87　痘痘（dòudou）：皮肤上突起的小包，影响美观。医学上称为痤疮，俗称青春痘。

的女儿和儿子时，何明觉得自己早就认识这些人了，了解这个家族的许多事，只是他们一个也不认识他。这些人甚至感到疑惑，疑惑中还带着某种难以名状[88]的紧张。

> 为什么这些人感到疑惑甚至紧张？

何明不理会这些眼神，他握着老贾的手说："老贾，你是不是想拍照？"

老贾艰难地点点头。

> 老贾为什么临终想要拍一张自己的照片？

何明又问："你是不是想和儿子女儿一起拍照？"

老贾摇摇头。

何明说："我把照相机背来了，你是不是想拍一张自己的照？"

老贾点点头，他还示意老伴要坐起来。护士帮忙将床调整为坐姿。老伴毫不避讳[89]地指责他"实在不想多活几秒钟，脑子有病"。

> 怎么理解画线的句子？

老贾真的病了，他半边的脸是瘫痪的，带着氧气罩，看起来真是从战场上下来的伤兵。春丽

88　难以名状：无法用语言形容。
89　避讳（bìhui）：因风俗习惯或礼貌而避免说出某些词句。

被这个场面吓傻了,她从前那么讨厌这个人,但断然[90]没想到他会一夜间变成这个孱弱[91]的面貌。春丽觉得自己错了,老贾其实是个挺好的人,爱照片、爱家人、不逾矩[92],也不怎么赊账。

老贾还想要自己穿衣服,只可惜,<u>手脚都已经不听使唤</u>。他的子女也不希望老人这么折腾,女儿一直在小声抽泣。何明看了她一眼,想到她一年级的奖状,觉得老贾没有错爱她。何明没有什么权利提要求,只适时[93]说:"老贾,这个衣服也可以的。你坐好,尽量笑一笑。"

见何明对焦,护士帮忙摘掉了氧气罩。那一瞬间,老贾像是回光返照[94],眼睛突然变得有神起来,嘴角咧开,可惜是歪的。

何明赶紧按下快门。

老贾说的最后一句话是:"钱,钱。"他眼睛朝着何明夫妇掷去坚定的光。护士又将床摇下。

90　断然:多用于否定式。绝对,完全。
91　孱弱(chánruò):瘦小虚弱。
92　逾矩(yú jǔ):超越规矩。
93　适时:抓住合适的时机。
94　回光返照:人临死前短暂的令人意外的精神兴奋。

第七课　不受欢迎的客人

这么重要的话，堪比遗言[95]，所有人都当没听到。只有春丽听到了。春丽想，老贾真可怜，说话都没有人听。

> 画线的句子有哪些可能的意思？

何明当日回来就开始修照片，整夜没有睡。翌日[96]接到了老贾家人的短信，老贾拍完照后四个小时就走了，走前什么话都没有留下。而病床上的最后一张照片，成为了老贾相册的压轴[97]。从百日照，到临终前四小时，大完满的一生，统统留了影像。

何明夫妇在老贾的追思会上哭了一场，他的家人收下四本相册时显得有些麻木，何明把放在心里演练过很多遍的话对老贾的太太、子女说："这是你爸爸一生的心血，精心挑选，他在我这里做了好几年。你们一定要好好珍藏。这是旧照片，也还给你们。"

> 这些话何明为什么会在心里演练过很多遍？

谢谢。他们淡淡说，都没有打开相册望一眼

> 老贾的儿女们关心父亲的想法吗？

95　堪（kān）比遗言：和死者最后的遗言一样重要。堪比：可以比得上。
96　翌日（yìrì）：次日，第二天。
97　压轴（yāzhòu）：原指中国传统戏剧演出的倒数第二出剧目，现在也指一场演出中排在最后、最为精彩重要的段落。也称压轴戏。比喻最精彩、最引人注目的部分。

151

何明通宵达旦⁹⁸赶出来的成果。<u>亲生子女也不过如此，何明心想，也就安了心</u>。

倒是何明夫妇按照老贾留下的字条找到"这位小姐"家时，那位白发苍苍的小姐看着何明还给她的旧照，眼眶红了又红。她大概不知道自己有那么多照片藏在老贾身边，老贾思来想去觉得最适合藏匿⁹⁹这些"青春罪证"的地方竟然是何明的照相馆。她蹒跚¹⁰⁰着去找钱硬要付给何明。

何明说："你的这一份他早就付过了。"

老妇人愣了一下，说："那他还有没付过的吗？"

何明看了一眼春丽，春丽说："都付过了。都付过了。"

老妇人笑了，笑得那么尴尬，喃喃自语道："我知道的，他除了我，谁都不欠。"

> 老贾把老妇人的照片收藏在哪里？

> 何明和春丽要回了老贾做他那份相册的钱了吗？

> 老妇人与老贾是什么关系？

98　通宵达旦（tōngxiāo-dádàn）：一整夜到天亮。
99　藏匿（cángnì）：隐藏。
100　蹒跚（pánshān）：走起路来不稳又慢的样子。

第七课　不受欢迎的客人

赏析：

　　生活里总是有很多秘密。这家不成功的照相馆最大的收获，就是知道了许多人一生中不为人知的隐情。那些秘密是客人不便让家人知道，却不必顾忌于相对陌生的照相馆老板的。何明夫妇也是在温饱线上挣扎的普通人，然而他们最大的善意，就是不露声色地包容他们的秘密，理解他们的苦衷。

　　在春丽的眼中，老贾就是那个不受欢迎的客人。他有一个儿女双全的大家庭，心里却埋藏着青春时的恋慕，始终怀念着青春时期的爱人。不知什么原因，他们没有走到一起，这成为他们生死与共的秘密。反观老贾用尽心力照顾的家人，反而最不了解也最不关心他的需求。故事的荒谬性在于：老贾牺牲自己的真爱去爱的这些人，并不在乎他；老贾真正的爱人却带着无法做伴的缺憾虚度终生。小说对老贾的隐形爱人着墨不多，却印象鲜明。小说的结尾，何明夫妇与老妇人的对话耐人寻味，令人感慨。

练　习

一、判断对错

1. 何明和春丽生了一个男孩，这个男孩后来出国留学了。　　（　　）
2. 春丽结过两次婚。　　（　　）
3. 何明一直以摄影为业。　　（　　）
4. 春丽的母亲眼睛不好，所以她想把母亲接到自己身边住。（　　）
5. 何明不希望和老人住在一起。　　（　　）
6. 何明不喜欢讲价的客人，春丽不喜欢只爱聊天不做生意

的客人。（　）
7. 何明对客人比较严肃，春丽对客人比较热情。（　）
8. 春丽与何明经常发生争执，所以两人的婚姻充满危机。（　）
9. 他们的照相馆的生意不太好。（　）
10. 春丽和何明对他们的生活不满意。（　）
11. 秀芬的父亲死了，因为她没有照顾好。（　）
12. 老贾的人生经历非常丰富，也很喜欢讲自己的故事。（　）
13. 何明从来不问老贾的秘密，因为他不感兴趣。（　）
14. 春丽不喜欢老贾。（　）
15. 春丽年轻时很漂亮，现在依然那么漂亮。（　）
16. 何明送儿子去机场时突然肾结石发作了，但他一直忍着把儿子送上飞机。（　）
17. 何明不和春丽吵架，是因为他口才不如春丽。（　）
18. 老妇人和老贾的事情只有何明和春丽知道。（　）
19. 老贾很爱他的家人，但他的家人并不了解他，也不想了解他。（　）
20. 老贾真正爱的女人是老妇人。（　）
21. 老妇人离婚后，一直独居。（　）
22. 何明和春丽最后没收老贾第二本相册的钱。（　）

二、把每组中意思相近的两个词语圈出来

1. 猝然　突然　果然
2. 原配　老伴　发妻
3. 惺忪　朦胧　支支吾吾
4. 藏匿　避讳　隐藏
5. 赊　憋　欠

6. 喧嚣　寒暄　热闹

7. 耳鬓厮磨　亲密无间　朝夕相处

8. 难以名状　语焉不详　轻描淡写

9. 作祟　捣乱　本分

10. 倔　精犟

11. 顶撞　体悟　明白

12. 喃喃自语　嘀咕　啰唆

三、选取 15 个词语造句

1. _____
2. _____
3. _____
4. _____
5. _____
6. _____
7. _____
8. _____
9. _____
10. _____
11. _____
12. _____
13. _____
14. _____
15. _____

四、解释课文中画 ～～～ 的部分

五、思考和讨论

1. 小说中，几次提到了"平衡"。请把这些地方找出来，说一说你的生活中，有过像这样的平衡吗？
2. 何明和春丽是相爱的夫妻吗？怎么理解"相濡以沫"？
3. 在这个世上，最懂老贾的人是谁？
4. 老贾在离世前为什么最后要照一张自己的相片？
5. 老贾欠老妇人什么？
6. 何明和春丽为什么没有要回替老贾制作相册的钱？

六、概述故事，600 字左右

七、课堂活动：分组后将小说改编成剧本，分成几幕表演小说中的片段，每人扮演小说中的一个人物

第八课　离　歌

鲁　敏[1]

【课前热身】

1. 你参加过葬礼吗？
2. 在你们国家，人们对死后的想象是什么样的？
3. 在你们国家，人死后一般会举行哪些仪式？
4. 在你们国家，葬礼有哪些讲究？

1

暴雨下了整整一夜，三爷惦记[2]起东坝的那些坟茔[3]，其下的肉身与骨殖[4]，陪葬[5]衣物，以及棺木[6]，必定也在泥土下湿漉漉[7]地悬浮着吧……他睡不着。

> 三爷为什么睡不着？

挨[8]到天亮，起来一瞧，发现门前河上的木桥

1　鲁敏（1973—　）：女，中国当代小说家，长篇小说《六人晚餐》、中篇小说《思无邪》获人民文学奖，短篇小说《伴宴》获第五届鲁迅文学奖等。代表作有《墙上的父亲》《火烧云》等。

2　惦（diàn）记：总是想着。

3　坟茔（fényíng）：安葬死人的地穴和上面堆起的土堆。

4　骨殖（gǔshi）：尸骨。

5　陪葬（péizàng）：陪同死者一起下葬，一般放在棺木里。

6　棺（guān）木：用来装尸体的木质盒子。

7　湿漉漉（shīlùlù）：潮湿的样子。

8　挨（ái）：忍耐着度过时间。~时间。

给冲坍[9]了。腐朽[10]的木板散在河面，流连忘返[11]地打着圈儿，最终与断绳、树枝、蓑[12]草之类的一起，头也不回地漂走了。所幸[13]他那条颜色发了黑的小船还在，水面儿上一上一下地晃着。

没有人会修这座桥的。这么些年，人们从来都不用过桥，反正桥这边就只三爷一人。找他的就只站在对面，闷着嗓子用那样一种压抑的调子喊：三爷，西头的五姑奶奶过去了。三爷，栓子给电没了。三爷，江大年家的小媳妇喝农药走了。

不论什么时辰[14]，他即刻便穿了素衣[15]出门去，小木桥摇晃着，河水在下面流，只照着他一个人的身影。人们要瞧见他过桥，便会互相地说：今天，三爷过桥了……这是当消息来说的，说的与听的皆明白：东坝，又有谁，上路去了……

> "过去了""没了""走了"都是什么意思？

> 三爷是做什么工作的？

> 三爷过桥意味着什么？

---

9 坍（tān）：倒下来，从基础的部分崩坏。
10 腐朽（fǔxiǔ）：木质因潮湿日久而损坏。也可比喻制度、思想的败坏。
11 流连忘返：因为留恋或沉迷于某事而舍不得离开。
12 蓑（suō）：一种可以用来编织成雨衣的草。
13 所幸：幸好，幸亏，好在。
14 时辰（shíchen）：时间，时候。
15 素（sù）衣：白色丧服。

赶过去，那家里的大人孩子往往木呆呆的——就算平常见过多次邻里办丧，就算是上得了场面的人，临到[16]自家，还是无措[17]。大家都说：每到这个时候，就瞧出三爷的心硬[18]来——他抬手抹一抹脸，几乎面无表情。

> "心硬"是什么意思？你还能找出汉语中关于"心"的类似表达吗？

头一件事，是替新亡人收拾身子，趁[19]还温软着，给他穿衣戴帽收拾整齐，完了头外脚里，让他躺得端端正正；接着悬挂门幡[20]，设堂[21]供奉[22]，焚香化纸[23]；再坐下开出一条货单，着[24]人上街采买：白布、红布、黑布，各若干[25]；别针；笔墨；黄纸红纸；白烛；大香[26]；纸钱若干；草绳数丈等等。

16　临到：落到，事情发生在自己身上。
17　无措（cuò）：无法应付，不知道该怎么办。
18　硬（yìng）：不软，坚固。
19　趁（chèn）：利用时间、机会。
20　门幡（fān）：挂在门外的长条形旗子。
21　设堂：搭建、布置灵堂。
22　供（gòng）奉：一般指祭祀神佛。这里指放置遗像和供品，供人前来悼念。
23　焚（fén）香化纸：烧掉香烛、纸钱等葬礼用品。
24　着（zhuó）：派，安排。
25　若干：一些。
26　大香：供奉在死者灵前的香，古人认为点燃香火可以沟通生者与死者的灵魂。

再在亲友中物色[27]一个识文断字[28]的,让其主管出入[29]:吊唁[30]的这时陆续赶到,进门便要奉上礼金与纸钱,需由他一一录下。有些远亲,多年不通来往,但只要得了信儿,必定迢迢[31]赶来,叩个头[32]、化个纸。这里头,大有讲究,其严谨程度,远胜婚典。

接着是找人搭席棚[33]、找念经和尚[34]、找做酒席的、找石匠刻碑、找风水先生[35]、找吹打班子[36]……

这样吩咐[37]了一大圈,家里人慢慢镇定[38]下

27　物色:寻找符合要求的。

28　识文断字:认识字、会写字。指有文化。

29　主管出入:主要管理出账与进账,记录、收取礼金和支出的情况。

30　吊唁(diàoyàn):祭奠死者并向死者家里的人行礼、慰问。

31　迢迢(tiáotiáo):形容距离很远的样子。

32　叩(kòu)头:跪在地上,双手扶地,用额头去碰地面。一种中国传统礼节。

33　搭席棚(péng):搭一个能临时挡风雨和太阳的屋子,供大型活动使用。

34　念经和尚:在乡村里,人死后,信佛的人会请寺庙里的和尚念经超度,信道教的人会请道教的道士做法,以帮死者度过死界升天。

35　风水先生:懂得风水之道,会为坟墓选址的人。中国传统文化相信风水,认为宫殿、住宅、村落、坟墓等所处的环境能给子孙日后的发展带来很大的影响。如果死者的坟墓位置选取得好,可能给其子孙后代带来更好的发展。

36　吹打班子:一种小型民间乐团,农村有婚丧嫁娶的需要时,一般会请他们到家中演奏,营造气氛。

37　吩咐(fēnfù):口头指派或命令。

38　镇定(zhèndìng):精神和情绪变得安定沉着。

来，前来帮忙的邻居们也各自得了事情，场面有些像个样子了。妇女们分成几堆，或围在厨房择菜[39]洗涮[40]，或在院中撕剪孝布[41]，或在堂屋里叠做纸元宝[42]，她们这时总会热烈地怀念新死者，于此种谈论中，后者皆可获得新的生命与新的品性：性情温和、节俭克己[43]、心灵手巧……

> 当地有人去世以后，一般会操办哪些事情？

而这时，三爷也才终于得了空，问过主家的意愿，他便要过河回家扎纸人纸马[44]了——三爷打小就是靠扎纸活儿谋生的，只因见的丧葬多了，又无家室[45]，慢慢儿的，顺带[46]着张罗[47]起东坝人家丧葬的大小仪式。

> 三爷为什么会做这一行？

39　择（zhái）菜：去掉蔬菜中不能吃的部分，留下能吃的部分。
40　洗涮（shuàn）：清洗。
41　孝布：用来做丧仪的白色麻布。
42　纸元宝：用纸做的古代金锭银锭，由于是立体的，需要折叠制作。
43　节俭克己：节俭，不乱花钱。克己，对自己严格要求。
44　扎纸人纸马：民间认为人死后进入阴间，在那个世界过着和生者一样的生活，也需要住宅、钱物、有人陪伴，于是仿照现在的生活，用纸制作出各种物品，在死者的坟前焚烧，认为这样就能送给死者带走。
45　家室：家庭。妻子儿女等共同生活的人。
46　顺带：顺便。
47　张罗（zhāngluo）：组织、办理。

2

三爷在门前收拾[48]小黑船时——多日不用，里头满是树叶与蛛网，甚至还长出几簇[49]野菇——彭老人出现在河对岸，带了个小木凳，坐下来，掏出水烟壶[50]，像是要跟三爷长谈。

彭老人七十有三，比三爷整大上十岁，可身体真是好，他在河对面说话，那样响亮亮的："这两天没事儿？"

"也说不好。所以我得把船侍弄[51]好，往后要靠它了。"

"怎么的，这桥不修了？"

"就我一人在河西……噢，还有那半片山。"三爷回头努努嘴[52]。

"那片山"指什么？

"不管河东河西，那也是咱东坝呀。"

"要能修那是敢情[53]好。不过划船也成。"

48　收拾：整理、料理、治理、修理等。
49　簇（cù）：量词，用于聚集成团的东西。一~鲜花。
50　水烟：中国南方一些地区，如云南、广东等地有吸水烟的风俗。借助一种水烟筒把烟丝用水过滤后吸食。
51　侍弄（shìnòng）：修理，收拾。
52　努嘴（nǔ zuǐ）：翘起嘴唇，示意。
53　敢情（gǎnqing）：当然。

"我替你找人去。这桥怎能不修呢……"彭老人凹着腮[54]咕噜噜抽烟。

这个彭老人,三爷知道的,并不能算是个热心人物。他发妻[55]早故[56],两子一女都在不得了的大城市里发达[57],要接他同去享福,可他脾气固执,偏要独自留在东坝……因子女出息[58],他颇受尊重,不过,这桥,就是他去找人恐怕也是没用的。

> 关于彭老人,我们知道什么?

——其实,桥坍的第二天,整个东坝就都知道了,大人小孩没事时,就在河对面站一站望一望……哎呀,连个桥桩[59]都没得了!冲得干干净净的……可不是吗!冲得干干净净的,连个桥桩都没得了!大家就这样热闹地说说,有的还跟三爷打个招呼,问他半夜里有没有听到动静,然后

---

54 腮(sāi):下半边脸,也称"腮帮子"。
55 发妻(fàqī):原配,第一次结婚的妻子,来自于"结发夫妻"一词。据说古代新婚夫妻在洞房花烛之时要"交丝结龙凤,镂彩结云霞,一寸同心缕,百年长命花"。即两个新人就床而坐,男左女右,各自剪下自己一缕头发,再把这两缕长发相互绾结缠绕起来,以誓结发同心、爱情永恒、生死相依、永不分离。
56 早故:很早就去世了。
57 发达:发展得很好。
58 出息:有本事,有能耐。
59 桥桩(zhuāng):支撑桥体的柱子。

> 画线的句子是什么意思?

> 人们为什么不想修桥?

> 为什么难得有人陪三爷聊天?

平常地就走了。没人提修桥的事，<u>就跟棵大树给雷劈倒了似的，难道还要去扶起来不成</u>。

"算了，你不是不知道，他们管这桥叫奈何桥[60]。就算修了，也没人走……"三爷可不愿让老人费神。

彭老人摇摇头，不肯接话。他扯起别的[61]。

六月的阳光有些烫地照下来，河对面的青草绿得发黑，难得有人陪三爷聊天——人们日常见了他，看看他的手，总觉得凉丝丝的，有些惊惶，不知说什么才对——他便进屋里拿了家伙们出来扎。蓝的屋、黄的轿[62]、红的人、白的马……五颜六色的扎纸排在地上，煞是[63]好看。

彭老人看了也欢喜，好奇地问这问那，好啊，三爷顶喜欢人跟他谈扎纸……金山银山、高

---

60 奈何桥：在中国民间传说中，地府有一条奈河，奈何桥是人死后转世投胎必经的地点。奈何桥边有一位孟婆会给每个鬼魂一碗孟婆汤，喝了就会忘记一切好投胎到下一世。过桥的人都无法自己决定自己的命运，顺应了"无可奈何"这个成语。文中这座桥是送死者去往坟山的桥，大家认为它不吉利，所以一般情况下不走。

61 扯起别的：谈起别的话题。

62 轿（jiào）：旧时常见的交通工具，由人抬着走。

63 煞（shà）是：非常，特别，极为。

头骏马、八抬大轿[64]、宽宅院子、箱柜床铺、红漆马桶、绿衣丫头[65]，好比另一个物事齐全的花花世界，热闹极了……送到主家那里，排在院子里，大人孩子先就围上来，指指点点，莫不赞叹，那才是三爷最得意的时分。

3

为了桥，彭老人真的开始找人了。三爷知道他都找了些谁——他找的每个人，最终都会到三爷这里，隔着白白的河水，有的扯弄青草，有的头上戴顶帽子，有的夹个皮革包。<u>都是在东坝主事的人物。</u>

> 彭老人找来的都是什么人？

"三爷，这桥，你看看……"扯青草的手指绿了，却把青草含在嘴里，多美味似的。帽子是旅行帽，上面一圈小红字"×台县旅×团"。皮革包里放着个茶杯，鼓囊[66]着。他们总一边说，一边那样的看着三爷、用那样的语气。"三爷，

64　八抬大轿：八个人抬的大轿子，过去一般是大官才有资格坐，是身份显要的标志。
65　丫头（yātou）：服侍主人的年轻女孩。
66　鼓囊（gǔnāng）：突出的样子。

你看……"

"由它去由它去。不是也有船嘛……"三爷懂事，急忙拦下。

> 为什么说"三爷懂事"？

"那也行，就照三爷您的话办……对不住了哈，其实树料[67]有的是，可咱东坝没有造桥的人才，好不容易在邻村寻访到个，人家却百般[68]不肯，说是晦气[69]……"他们慢吞吞地侧着身子走了，眼睛躲开，不看三爷。三爷倒觉得难为人家了。

其实，真没什么。桥坍了后，他已划着小黑船出去过两趟。桨[70]动船行，一船的纸车纸人儿，花花绿绿地倒映在水里，那样碎着、散着，直晃荡着。他一边划船一边瞧那水，竟感到某种异样[71]，好像下面的水会一直通向无边的深处……就这么划着，也不坏。

---

67 树料：用来造桥的树木。
68 百般：各式各样。
69 晦（huì）气：不吉利，给人带来坏运气。
70 桨（jiǎng）：划船的长条形工具，用来拨水使船前进。
71 异样：特别，不一样，不同寻常的。

4

过了几天,彭老人又来了。仍是小木凳、水烟壶。太阳蛮[72]好的正午。

"你这小老弟,怎么能说不要呢……害得我白费劲。"他埋怨地看着三爷。"这桥又不是你一人的,说不要就不要。"

三爷连忙认错儿,得给老人台阶下[73]呀。"全是我的错儿。这么的,哪天我请你喝两口儿[74]。赔罪[75]。"

"他们不弄,我弄。"彭老人垂着眼皮给烟壶装烟,一点儿不像玩笑。"你难道忘了,我年轻时也学过两天木工活儿。"

七十三岁的老人家,真动了犟心思也难办。"哈哈。"三爷空笑两声埋头扎纸人,不敢应答。

这次手里的活儿,难。昨天新死的是个年轻孩子,头一次跟叔叔出门到县城办买卖,谁承

> 彭老人为什么埋怨三爷?

> 为什么三爷这次手里的活儿难?

---

72 蛮(mán):南方方言,很。~好 | ~舒服 | ~痛快。
73 给老人台阶下:当别人不成功时,要给人面子,给人找到合适的理由。
74 两口儿:指喝酒。
75 赔罪(péi zuì):向人认错、道歉。

想[76]遭了车祸，瞧瞧，都还没娶亲呢，都还没见过世面[77]呢……那做娘的，整个晚上都在跟三爷抽抽咽咽[78]，想到什么便说什么：给他扎个三层洋房子吧，装潢[79]好的，扎个最贵的小汽车吧，扎个带大浴缸的卫生间吧……还能不能再扎个纸媳妇[80]呢，像电视里一样漂亮的……

彭老人见三爷撅嘴费着心思呢，便不说话，也不走，就在河对面儿一直坐着，眼睛直在水上望来望去。

5

第二天，还没起呢，三爷就听得外面有声响。

出门一看，不得了了，河对岸真一顺溜[81]躺着十来棵树料呢，太阳正爬上来，橙红色的，甜

---

76 承想：料想。一般用于否定词或疑问代词之后，表示没有想到的意思。不～｜没～｜谁～。

77 世面：指人世间形形色色的情状。

78 抽咽（chōuyè）：一吸一顿地哭。

79 装潢（zhuānghuáng）：装饰，装修。

80 媳妇（xífu）：妻子。

81 一顺溜：整齐地摆成一排的样子。

美地照着，那有粗有细的树们像撒了层金粉。

彭老人坐在一边的木凳上歇着抽水烟，见三爷愣着，忙摇手解释。"不是我自己弄来的，找了几个上学的大孩子，干了整一个钟头[82]……"

"……"三爷还是说不出话。

"总之，你就瞧着好吧，这桥，我会慢慢儿地做起来……"

三爷抬眼量量这河，虽不算宽，总也有五六丈[83]吧。他不明白，这老人怎么就把弄桥的事当真了？

"你不信？就知道你不信！"彭老人蛮得意似的。

"哎哟……老哥，你这样，不是要折煞我？这桥，可不是一日两日的工夫[84]……"老人不答，只抖擞[85]着提一提肩，拿出套木匠[86]家伙[87]，当真下

> 为什么三爷要说这话？

82　钟头：小时。
83　丈（zhàng）：中国市制长度单位，1丈等于10尺，相当于公制的3.3米。
84　工夫（gōngfu）：时间。
85　抖擞（dǒusǒu）：提高活力和劲头。精神~。
86　匠（jiàng）：靠手工业技术为生的劳动者。工~｜泥瓦~｜木~。
87　家伙（jiāhuo）：这里指工具。

手了。他随便挑了棵树，地上左右清理一番，竟开起料[88]来，细细的钢锯[89]在老树干上慢慢地拉，新鲜的木屑[90]扬到草地上。

三爷急得身上冒汗，但不知怎么办，偏偏今天约好给那新死的孩子送纸人纸马……他只好撂[91]下老人，从屋里把昨天扎好的汽车、洋房、卫生间、漂亮媳妇什么的一样样往小黑船上放。

——彭老人倒停下来，看得十分认真。三爷划着船到河中央，水里显现出破碎着的黄红蓝绿……老人突然干巴巴地叹了一句：好看。

6

就是从这天起，彭老人，每天都在小河岸上做活了。他性子[92]慢，手艺也生疏[93]，或者也是为着省力气，好几天下来，才忙了一根料，到下半

88　开料：指把树木加工成可以用的材料。
89　锯（jù）：有齿的长条形金属工具，用来把木头等切开。
90　屑（xiè）：细小的粉末。
91　撂（liào）下：放下、抛下、搁下，暂时不管。
92　性子：脾气，性格。
93　生疏（shēngshū）：不熟悉，不熟练。

端——太粗了，得两个人锯，三爷急着欲划船去帮忙，他却得意地一摆手：不开了，留着这个大枝丫，正好做桥墩[94]。

彭老人这样一弄，<u>动静自然是大了</u>。有事没事的，总有人过来看热闹。妇女们捧着饭碗，孩子们一放学就先过来玩儿一阵。洗衣服的、淘米[95]的、刷马桶[96]的、给牛洗澡的，忙好了也不走，继续赖着。就连小狗小猫，也都晓得[97]到这里来找主子了。男人们平常只是在地里苦[98]，瞧到这造桥的活儿，反觉新鲜有趣，<u>手便发痒</u>，彭老人笑眯眯地拿出两把锯子——竟是早有准备的。学几下，男人们竟也上手了，力气直往外冒，<u>你来我往地干得欢天喜地</u>。

这么着，还真的呢，众人拾柴火焰高，[99]眼瞧着，那一排溜的树料就变成木板了，一片片儿的

94　桥墩（dūn）：厚而粗的木头或石头等。桥~｜树~｜门~。
95　淘米：蒸煮米饭之前，先要用水把米洗净，把里面的杂质去掉。
96　刷马桶：乡村里很少有抽水马桶，村人白天上露天厕所，晚上在家里用木质的马桶，早上再倒掉冲洗。
97　晓得（xiǎode）：南方方言。知道，懂得。
98　苦：辛苦劳作。
99　众人拾柴火焰高：大家一起捡柴草烧出来的火焰就大，比喻很多人一起做事更快。

整齐起来，码[100]在树下，十分地有一种气象[101]。

7

没旁人的时候，彭老人就跟三爷聊天，他总有这样那样的问题，好像头一天晚上在家里想好了揣[102]在怀里似的，隔那么会子掏出来一个。

"……三爷，有这么回事儿吧，人走之前，要是三天三夜不吃东西，身子便不会发臭，可以停放很久……"

"要说老人啊，到岁数走的，那最后几天，肯定是水米不进的。所以，打我手上侍弄的，真一个个再干净不过……"说了一半，三爷想起来，对面这老人家也是七十三了，记住说话要仔细些。

> 三爷为什么要提醒自己说话要仔细些？

"你替人守过夜[103]，听说，那最后一个晚上，

100　码（mǎ）：一层一层地堆起来。
101　气象：场面，景象，气势。
102　揣（chuāi）：放在衣服里。~着手｜~在怀里。
103　守夜：民间认为人死后三天内，灵魂会回家探望，因此一般子女会守候在灵堂内，等他的灵魂归来。每夜都有亲友伴守，直到遗体大殓入棺为止。守灵时围观伴宿者越多，家属脸上就越光彩。

人是会动一动的,那就是魂脱了肉身,把他所有念想[104]的角落都要去看一看、走一走……那他是挑几个地方重点走一走呢?还是来得及仔仔细细全都瞧上一遍?"

"这个啊……也说不好,反正,家里人记住所有的门都不能关就是……"三爷含含糊糊[105]地答了。

丧仪里的门道[106]多得很,总之,一切只当那新死者是个刚投胎[107]的孩子,吃的穿的用的包括走的道儿,都要替他一样样备好……这方面的话题,平常是总有老人拐弯抹角[108]地找三爷谈,一边那样当真地盯着他的眼睛,好像他真是阴间跟阳间的一个信使[109],两边的事都应当一清二楚。可三爷真不乐意跟老人们谈这些,他不愿看他们那依然活生生的脸,依然热乎乎的身板子。那一

> 老人们为什么会问这些问题?

---

104 念想:惦记,想念。
105 含糊:不清楚。
106 门道(méndao):门路,规矩。
107 投胎:人或动物死后,灵魂会进入另一个母胎后再被生出来。一种迷信。
108 拐弯抹角(guǎiwān-mòjiǎo):走路绕着弯子走。比喻说话绕弯子,不直截了当。
109 信使:送信的人。

看，似乎就能够想象到，到了彼时，他眼洞凹陷，牙齿外露，须发继续生长，一夜之间花白杂乱……

彭老人瞧出三爷的不自在，便哈地一笑换了话题。"小老弟，我倒问你，为何偏不娶妻生子？"

三爷沉吟着，怎么跟他说呢——唉，从年轻时跟师傅学扎纸人马开始，打他眼里看过的，什么样的没有。新媳妇头胎[110]难产去了的，活蹦乱跳夏天戏水给拖走了的，喝醉酒落下茅坑[111]起不来的，过大寿吃鱼给卡死的，造新房掉石灰坑里给烫没了的[112]……哀乐相连，喜极生悲，生死之间，像紧邻的隔壁人家，一伸脚就过去了……他是越看越惊，越看越凉，凉了又温，慢慢地回转过来、领悟过来：罢了，索性[113]——不娶妻，无得便无失；不生子，无生便无死。一个人过吧。

> 三爷不娶妻生子的真实原因是什么？

---

110 头胎：第一个孩子。
111 茅坑：农村的露天厕所。
112 盖新房时需要用石灰与泥土粘结建筑材料，生石灰具强碱性，遇水会散发出大量的热，对人的皮肤、呼吸器官等有强烈的腐蚀性。
113 索性（suǒxìng）：干脆，直截了当。

第八课　离　歌

"我这营生[114]，哪个女人愿意？只能做老光棍[115]呗。"三爷答。他一般总跟人这样说。他怎么好说实话呢，说出来好像就扫兴[116]了、就得罪[117]人家的平常日子了。

> 三爷为什么不对人们说实话？

"那你……倒是喜欢过哪个女人没有？你跟我说实话。完了我也跟你说个实话，说个我喜欢的……"彭老人要笑不笑[118]的，谈兴正浓[119]。

"别难为[120]我了。你有你就说吧。"三爷看出来，自己就是屁都不放一个[121]，彭老人也是要说的。

"算了，改天吧。"老人却又失悔[122]了，缩了回去。他摆弄[123]起一堆木板子，挑着长短厚薄，分堆儿搭配。

114　营生（yíngsheng）：谋生方式和手段，工作。
115　光棍：指到了已婚年龄没有结婚的男人。
116　扫兴：让人兴致低落，失去兴趣。
117　得罪（dézuì）：冒犯，使人不快或怀恨。
118　要笑不笑：似笑非笑。
119　谈兴正浓：正谈在兴头上，正说得带劲儿。
120　难为：为难，使人不好办。
121　屁都不放一个：一句话都不说，一声不吭。
122　失悔：后悔。
123　摆弄（bǎinòng）：反复地改变原来的位置。

175

8

> 他哭的时候为什么不让人知道?

> 你觉得三爷今天为什么会流泪?

三爷今天倒洒了几滴泪,背过众人——他宁可人家说他心硬,也不愿露出弱来。死的是胖大婶,她很胖,胖得走路有点儿外八字[124],胖得半夜睡着觉就突然过去了。

这胖大婶,炒菜功夫好,不管多大的席面儿,她捧出的几十道菜,从来没人说淡嫌咸——莫道这话说得平常,炒三桌菜跟炒十桌菜,搁[125]几把盐、下多少料、放几瓢[126]水,要做到淡咸调停[127],岂[128]是易事。东坝人家办丧事,头一桩[129]要撑起台面[130]的,就是这酒席要办得大、办得好,一应[131]乡邻亲友,个个都要喝个脸色通红才算完事。二三十桌的流水席[132],随到随开,开了便

---

124 外八字:走路的时候两只脚尖朝外,像一个"八"字。反之为"内八字"。
125 搁(gē):放。
126 瓢(piáo):舀水或取东西的工具,多用对半剖开的葫芦瓜或木头制成。~泼大雨。
127 调停(tiáotíng):调配得停匀、合适。
128 岂(qǐ):反问词,引起反问句,表达强烈的语气。~是易事(哪里是容易的事?)|~有此理(哪里有这种道理?)|~不可笑(难道不可笑吗?)
129 桩(zhuāng):量词,指事件。一~案件|一~心愿。
130 撑(chēng)起台面:撑,支撑、支持。让举办者感到有面子。
131 一应(yìyīng):一切。
132 流水席:客人像流水一样随到随吃随走的酒席。

第八课 离 歌

上菜，上菜了便喝酒，酒足了便耍拳[133]，越是闹腾才越是丧席的气派。胖大婶带着几个本家[134]媳妇，前后伺候，绝无差池[135]……

到了晚间，众人都散了，只有大和尚还在念经，供堂里烟雾缭绕，长明灯[136]照着人影子都大了起来……胖大婶又另外收拾出几碟干干净净的菜，喊着三爷跟大和尚，还有帮厨打下手[137]的，慢慢地吃喝。三爷这时也喝点儿酒解乏[138]——总是胖大婶替他倒，倒一杯，他喝一杯，倒两杯便喝两杯。有时胖大婶忘了，不倒，也就不喝了。

胖大婶每次起锅[139]盛菜，都会先让出一小碟来，放到新死者的供桌前，对着那放大的相片儿轻声劝菜[140]：趁热乎的，多吃点儿。

133　耍拳（shuǎ quán）：这里指猜拳，也叫划拳。是一种喝酒时的游戏。两人同时伸手，同时猜喊双方所出手指相加的数目，猜对者胜，输者喝酒。这种游戏一般配合行酒令来进行。
134　本家：同宗族或同姓的人。
135　差池（chāchí）：差错，失误，疏忽。
136　长明灯：守灵期间，灵堂的供桌上燃有一盏油灯或蜡烛，守夜的主要任务就是不能让它熄灭。如果熄灭了，死者的灵魂就会摸黑走路，迷失方向。
137　打下手：别人做事时从旁帮忙。
138　解乏：解除疲乏，使人从劳累中恢复过来。
139　起锅：把做好的食物从锅里盛出来。
140　劝菜：劝人多吃菜。

可胖大婶自己也走了。

9

> 三爷为什么要送给胖大婶一个电冰箱？

第二天扎纸活，三爷另外送给胖大婶一个电冰箱。这玩意儿三爷没用过，估计胖大婶也没用过。可他知道，电冰箱是好的。一边扎，他一边跟彭老人说了会儿胖大婶。唉，一算，胖大婶才刚过六十呢。看人的命啊，多靠不住。

彭老人在敲榫头[141]，这活计[142]耗[143]人，他做得更慢了——最近，他开始把小木板一条条钉成大桥板，大桥板很宽，能容俩人同行。他说，要弄，就弄座又宽又结实的好桥。三爷心下失笑[144]，唉，这桥上面，怎可能人来人往，宽了也白宽。

> 对于彭老人的努力，三爷为什么感觉好笑？

叮叮当当、慢慢吞吞的敲打中，他们还谈起东坝别的那些老人。哪个，是七十七走的，哪个，

141　榫头（sǔntou）：器物或构件上利用凸凹方式相连接的凸出部分。中国传统木工，多采取榫卯连接的方式。
142　活计（huóji）：泛指各种体力劳动。
143　耗（hào）：消耗，使慢慢减少。～人｜～电｜～油。
144　失笑：忍不住笑起来。

八十一走的,哪个,小¹⁴⁵五十就走了,唉,他们的模样、习性、口头禅[146],都还记得清楚着呢。三爷甚至记得,他们还活着的时候,就爱追着一家家看丧仪,越是年纪大了越是看得仔细——似是在看一场主角不同的预演,那神情,分明是心中有数、万事乃足[147]。其实,他们对死亡的最大期许[148]便是:床前晚辈儿孙齐全着,自己全身囫囵[149]着,里外衣裳整齐着,安然死在自家的床上……可不能像城里人,切掉这个、割去那个,最后浑身插满管子,匆匆忙忙地死在不知哪里的医院里……那多可怜!这么的一比,瞧咱胖人婶倒有福气,死得可真好呢!

这么地谈了一会儿,彭老人忽然想到什么,他停下敲打,给水烟袋上满了烟丝,按结实了,却没抽。又隔了一会儿,才开口,有点儿掏心

---

145 小:将近。这张桌子花了~三百块钱买的。
146 口头禅(kǒutóuchán):某人言谈间所爱用的习惯语。
147 心中有数:心里面明白。万事乃足:所有的事情就都有准备,有把握。
148 期许:希望,期望。
149 囫囵(húlún):完整。

腹[150]的样子:"三爷,托你件事儿。"

"嗯?"

"我那几个孩子,离开东坝久了,不懂这里的规矩,也不懂我的心思。所以我的事,得托付你。到了我那天,想在手边上,放几样小东西……"

> 为什么彭老人要把自己的事托付给三爷?

"看你说的,瞧你这身板子骨!"

> 三爷这句话是什么意思?

"三爷,这跟身板子骨没关系,你我不都明白?"彭老人用手摩挲他的水烟壶,那烟壶是铜的,有些泛红,<u>一圈花纹均已磨得淡了</u>。"头一样,是这个,用了一辈子,得带上。第二样,我想放双软布鞋,我备的那寿鞋,照规矩是高跟靴帮的,我怕穿不惯。第三样,你悄悄儿的,别让别人笑话,替我拽把庄稼果实,不挑,逢着当季了有什么就是什么,麦穗、玉米绣顶儿、棉花骨朵、大豆荚……不定什么,鲜鲜活活的替我弄上一把,放到我边上陪着——我离不开那些个。"

> 从彭老人希望死后带走的东西看,他对于死后的期许是什么?

"成。你放心。"三爷还能说什么呢。这是

---

150 掏心腹(tāo xīnfù):坦诚地说出自己内心的想法。

明白事，人家说的也是明白话。"我先想了这三样……万一有加的，再跟你说。"彭老人忽然松下来似的，他不看三爷，却蹲下身去，撩[151]那河水洗手，水花儿亮闪闪的。

当天晚上，三爷正准备睡下，忽然听到河对面儿有人喊他，声音并不响，压着："三爷——"，一听，是彭老人的声音。三爷松了一口气，这不会是报丧[152]，东坝人都还平安着呢。

三爷披衣出来了。月亮虽好，隔着河却瞧不清那对方的神色，老人语气急促促的："三爷，有扰了[153]。突然想起个事，睡不着——那个，到最后，给我带走的东西，是原样儿放在身边好呢？还是烧掉才好？我听说，这跟纸钱一样，不烧成灰化了我便得不着的。"

> 彭老人为什么深夜找三爷？

东坝人对于神鬼，宽容而灵活，信与不信，只在一念之间。种种仪式，他们自是谨严执事，

151　撩（liāo）：用手把水甩起来。
152　报丧：报告有人死了的消息。
153　有扰了：打扰您，请人帮助时说的客气话。

> 东坝人对神鬼的态度是什么?

> 三爷想出来怎样的解决方案?

但于结果,并不当真追究。日常祷告[154]亦是如此,如若灵验,欢喜不尽;倘使不灵,也无恼怒。

于是,三爷想了一想:"我看,你原样儿放在身边是一套;另外我扎成纸活儿,烧化了再一套。这样,怎么都不会错了。"

"可不是,瞧我这笨的!那就说好了,到时你得替我另外做这三样细活儿:扎个水烟壶、扎双布鞋外加一把时令庄稼……"彭老人顺手摸摸他手边码成垛子的木板,略有些羞惭[155]:"不过我也不是光为这事来的,主要,是来瞧瞧咱的桥……"

10

一个夏天过来,有了众人零打碎敲的帮忙,加之彭老人日日不舍,这木桥,其构件[156]似乎也弄了个大概齐[157]——大半人高的丫形木桩共七

---

154 祷告(dǎogào):祝告鬼神或上帝,以求祝福或保佑。
155 羞惭(xiūcán):羞耻和惭愧。
156 构件:建筑或器物的组成部分。
157 大概齐:即大概,大致,大体上的状况。

对，木条拼成的大宽板子结结实实，足有二三十块。可这到底不是搭积木，那河水又总在河里，总在流着，怎么个安放下去呢？放下去会不会又被冲走呢？

妇女孩子们不懂，只乱出主意。男人庄稼汉们，都是外行，也没个主张。彭老人丢了几块砖到河中心，看那水花的大小，听那落底的动静。他想了一想，最后拿出个大主意：等冬天吧，水枯[158]下去一些，咱再下桩。

众人一想，也对，一个个笑嘻嘻的，无限乐观起来，一边往那空荡荡的河上瞧。可不是，瞧这夏季里河水肥的，绿叶子在上面漂着，水草与田螺在底下长着。

11

没等立秋[159]，彭老人就忙着给桥桩上桐油[160]

158　枯：河流等变得没有水了。

159　立秋：二十四节气中表示秋天到来的第一个节气，标志着暑去凉来，大约在公历的 8 月 7～9 日。

160　桐（tóng）油：油桐树种子榨的油，有刺激性气味，可防水。

了。天气燥，干得快。他每天上午下午各来一趟，慢慢儿一根一根刷。又香鼻子又辣眼睛的桐油味儿弥散[161]开来，把人都给熏得昏沉沉的。河水忽快忽慢地淌着，也似让这桐油香给迷糊了。

这天下午，他来刷第二遍。三爷刚刚午睡了起来，坐在树荫[162]下的桐油味儿里发呆。

"三爷，我给你讲个故事醒觉[163]吧。"看着太阳下油得发亮的桥桩，彭老人高兴起来。"就是上次答应跟你说的……喜欢个谁……"

三爷其实倒忘了。"敢情好，那你说说。"

"说起来，那时我还没结婚呢……"

"嗯。"三爷揉揉眼睛，没睡醒。

"她呀，就住在河对过、在你那边。那时河对面是有两三家人的。"彭老人往三爷后面张望起来，像在看很远的地方。

三爷给他看得犯疑，也往后看看。除了半片山，没别的。

---

161 弥散（mísàn）：烟雾、气味等向四周扩散，分散开。
162 树荫（yīn）：树木遮住阳光而形成的阴影。
163 醒觉：提神，使人从睡眠中醒来。

"她那时才十九,夏天在河边洗衣服时,总喜欢用木盆舀¹⁶⁴了水洗一洗头……我就在这边瞧着……那头发,可真黑,还亮。

"我隔着河跟她说话。她低头听着,但不应。

"有一次,她手一滑,木盆落到河里了,漂到河中央了,我下去替她捞¹⁶⁵了。这样,她才跟我说起话来……

"我过桥到她家去过一趟。她有个哥哥,腿不好,从小不能站立。我跟她哥哥说了几句。她就在她房门前站着,总瞧着我,我也总瞧着她……

"不久,他哥娶¹⁶⁶了、她嫁¹⁶⁷了,是同一个人家。她若不嫁,她哥便娶不了。

> 她为什么结婚?

"过了两年,我也就托人说媒¹⁶⁸另娶了亲。你们河那边,我就再也没去过。

"这事情,本以为,我早忘了……可奇怪,

---

164 舀(yǎo):用瓢、勺等取东西(多指液体)。~水 | ~汤。
165 捞(lāo):把水或其他液体里面的东西取出来。打~ | 大海~针。
166 娶(qǔ):男子结婚。对于女方为娶。
167 嫁(jià):女子结婚。对于男方为嫁。
168 说媒(méi):介绍男女以结婚为目的互相认识。

> 这件事为什么彭老人越老越记得清楚了?

到老了,倒记得越来越清爽[169],有过那么一回,我过了桥去她家……"

还等着往下听呢,老人倒结束了,嗨,就这么着,也算个故事?三爷闭着眼摇摇头:"你倒说得我更瞌睡[170]了。"

彭老人倒也没生气,他举起手嗅嗅上面的桐油味儿:"我那口樟木[171]棺材,这两天我也顺便在给它上油呢,真好,黑黑亮亮,瞧着都踏实……好了,回去!"

三爷瞧他拎着小油桶的背影,头一次发觉,咦,这老人,背都那么驼[172]下来了!三爷瞧见许多老人,从驼背开始,就老得特别地快了——好像被大地吸引着,往下面走似的。

12

秋天非常慢地来了,小河里开始铺起一层枯

---

169 清爽:这里指清楚,明白。
170 瞌睡(kēshuì):控制不住想睡觉。
171 樟(zhāng)木:生长于中国南方的一种常绿乔木,木质芳香,做成的家具、器物有防虫防蛀、驱霉防潮效果。
172 驼(tuó):身体前曲,背脊突起像驼峰。~背。

叶枯枝，还有掉下来的野浆果子，三爷有时划船经过，捞一些上来，已被小鸟啄得满是小洞，洗洗咬开一吃，酸得真甜。三爷便让小黑船停在水中打圈，一心一意感觉那甜味在齿间消磨[173]——日子里的许多好处，他都喜欢这样小气而慢慢地受用，因他知道，这日子，不是自己的，而是上天的，他赐[174]你一日便是一日，要好好过……他有时想把这感悟跟旁人都说一说，却又觉得，说出来便不好，也是叫大家都不得劲儿[175]了。

不过，就算他什么也不说，从夏到秋，还是出门了不少趟——老牛倌[176]被人发现死在牛棚里。张家老大，因为欠债[177]，竟不声不响寻死去了。宋裁缝[178]的老母亲，大暑[179]第二天，嚷着热嚷着头昏就过去了。

---

173 消磨（xiāomó）：逐渐消失、磨灭。
174 赐（cì）：地位高者把东西赠送给地位低者。
175 得劲儿（déjìnr）：舒服。
176 牛倌（guān）：专门饲养牛、放牛的人。
177 欠债（zhài）：欠了别人的钱。
178 裁缝（cáifeng）：专门做衣服的人。
179 大暑（dàshǔ）：二十四节气之一，每年7月23日前后，中国大部分地区这时候最热。

那河水倒还好好地丰满着，瘦都没瘦。

彭老人没什么事可做，但仍是每天在对岸坐坐，带着水烟袋，想起什么，便装着无心般地跟三爷东扯西拉[180]。一会儿问刻碑的材石，一会儿论起吹打班子的价钱，一会儿疑惑着相片与画像的好坏："三爷，我想不通，那相片，按说是真的，可不论谁，总越瞧越不像。可画像呢，那么假，我倒是越看越像他本人……"

这天，他又突然想起这个："你们那大和尚，还是打算让他儿子接班当和尚？"

他问的是通常跟三爷一块儿出入丧仪的俗和尚。在东坝，俗和尚也是讨生活[181]的一门手艺，他照样娶妻生养，酒肉穿肠，需要时才披挂上珠袍[182]，敲起小木鱼[183]，超度亡魂[184]。只要模样圆满、唱经婉转，便是好的。经常有人特为[185]地赶来，

> 彭老人与三爷聊天的内容都与什么有关？

> 什么是"俗和尚"？与真正的和尚有什么不同？

---

180 东扯西拉：亦作"东拉西扯"，指没有中心地闲聊。
181 讨生活：谋生，挣钱养活自己。
182 披挂上珠袍：穿上和尚的长袍，挂上念珠。
183 木鱼：佛教和道教念经时敲击的木质乐器。
184 超度亡魂：佛教和道教认为通过念经或施行法术可以使死者的灵魂得以脱离地狱的各种苦难。
185 特为（tèwèi）：特意，专门为某事。

痴站在一边，就为听大和尚念经，一边不自觉地掉下泪来，却又说不清到底伤心什么。

"是啊，他那儿子，有时跟在大和尚后面出来；有时单独主事[186]，耳朵上也夹着烟，老练[187]得很。"

彭老人担心了："我就只中意[188]大和尚唱经，他唱得响，声音也拖得长。那到时可怎么办？我可不要那小家伙……"

三爷一听便懂，却不愿说得明白："你只管放心。我跟大和尚，还是有些交情[189]的。"

彭老人突然站起来，脸上激动得变了模样："三爷，你待我这样好……真把我愧死了！其实……我修这桥，存有私心……"

三爷瞧老人摇摇晃晃的，欲伸手去扶，却够不着，那河水隔着！"老哥，瞧你这话说的！你天天在这里敲敲打打，还说什么私心不私心？"

186　主事：主持仪式。
187　老练（lǎoliàn）：阅历丰富，很有经验。
188　中（zhòng）意：满意。
189　交情（jiāoqing）：交往中产生的感情。

"……三爷,你是知道的,我自小到老,七十三年,一直都在东坝,哪里都没去过,半步都没离过,弄了一辈子庄稼地,这里的沟啊水啊树啊,不论哪个角角落落的,我真的都舍不下,恨不能一并带到那边去……我总想着,临了到最后那一晚,魂都要飞走了,我哪能不到处走走瞧瞧?特别是河那边,我前后统共只去过一次,怎么着也得再去看看啊……所以呢,我其实主要是为了自己,到了那晚上,要没个桥,黑里头,可真不方便过去……"老人没忍住,伸手掬了把泪,手背上一块又一块黄豆大的圆黄斑。他是真老了。

> 彭老人修桥的真正原因是什么?

三爷望望对面,这才注意到,不知什么时候,老人已经把那些木板、桥墩儿按照桥的模样,有板有眼[190]地排在那里,冷不丁一看,像是有座木桥活灵活现[191]地卧[192]在秋风里。

190　有板有眼:原指唱戏或唱歌合乎拍节板眼。比喻有条理,有顺序。
191　活灵活现:像真的一样,形容生动逼真。
192　卧(wò):睡倒,躺着或趴着。

13

彭老人到底没等到冬天水枯。

他到米缸[193]取米——东坝有一种米缸,叫大洋团,小口大肚,深约半人——米可能不多了,加之腰驼,老人站在小凳上伸头进去,不承想脚下凳子一滑,头朝下栽[194]进去。

三爷几天不见他来,划了船过河去看,迟了,该着三天都过去了。

> 彭老人因何而死?

14

清晨的雾气里,三爷到地里扯了两个老萎[195]了的晚南瓜,又红又圆,还带着湿漉漉的秧儿,悄悄放在彭老人身边,端庄[196]敦厚[197],样子蛮好。当天其他的丧仪,仍依着各样的程序,一步一步地来。前来帮忙的妇女们,围成一堆,不免又提

> 三爷为什么要扯两个南瓜放在彭老人身边?

193　缸(gāng):盛东西的用具,圆筒状下小上大。
194　栽(zāi):跌倒。
195　老萎(wěi):植物的果实完全成熟后而呈现的自然枯萎。
196　端庄(duānzhuāng):端正庄重,正派、不随便的样子。
197　敦厚(dūnhòu):诚恳宽厚的样子。

> 桥修成了没有？

到那木桥，好像木桥成了孤儿似的，它的命，没人说得好。

到晚上，人差不多散了，三爷照例要回家替彭老人准备纸活——回来奔丧的两子一女及一群孩子木呆而疲倦地坐在灯下守夜。三爷走了好远，突又转回来嘱咐：'今天晚上，记住，家中所有的门，万不可关啊。'那群儿女果然不懂，但仍诧异地应了。

> 三爷为什么叮嘱彭老人的子女这天晚上不要关门？

三爷来到河边，看到那漂漂亮亮卧着的木桥，又宽又结实，月光下，发着黄白的油光，像是活了一般。

他在河岸边坐着，等了好久，然后才上船，划得极慢——船，好像比平常略沉一些，却又分外飘逸[198]——到了自家的岸边，他复又坐下，头朝着那模糊而森严[199]的半片山张望，仍像在等人。等了一会儿，再重新慢慢划过去。

198　飘逸（piāoyì）：轻飘而与众不同。
199　森严（sēnyán）：整齐而严肃。

往返两岸，如是[200]一夜。

水在夜色中黑亮黑亮，那样澄明[201]，像是通到无边的深处。

> 三爷为什么在这条不宽的河上划了一夜的船？

赏析：

"离歌"是离去之歌。人从何处来，又向何处去？大多数人在活着的时候是不必也不想去追问的，只有自知时日无多，才会考虑这个问题。"死别"是一切离别中最无情、最无奈、最令人绝望的。中国丧仪处理"死别"，着眼的是对生者与对死者的关怀，既要尊重死者，守夜、诵经、给死者扎纸人纸马，祝福他们在另一个世界中更加幸福，又要安慰生者，请吹打班子，大摆流水席宴请宾客，希望生者能在复杂的仪礼中逐渐忘却忧伤。这首"离别之歌"在死的沉重里，其实充满了生的温情。

中国传统文化最重要的阵地是农村。较之于城市，乡村生活缓慢、传统，因之留存了文化传统的大部分。东坝乡就像一个中国的缩影，中国人对信仰态度，对死亡的想象，对彼岸的寄托都浓缩其中。那条连接生死两岸的河，具有强烈的象征意义：在此岸生活的人们，虽然刻意躲避，却最终逃离不了去往彼岸的命运。三爷驾驶渡船犹如往返于生死之界，见惯了命运的无常和生命的脆弱，早已看破了生死。而"好死"是每个大限将近的老人的内心关切，彭老人带着"私心"修建"奈何桥"，引出

200　如是：像这样。
201　澄（chéng）明：清澈明亮的样子。

了老人一生的遗憾：那来不及表达便夭折的初恋，大概只有在生命将逝时才有勇气去追悔；住在大城市里有出息的子女也许永远无法理解，父辈对土地的那份眷恋与深情。

练 习

一、判断对错

1. 三爷的职业是送葬者。（ ）
2. 彭老人的家人都死了，只剩下他住在村里。（ ）
3. 彭老人修桥是为了方便大家去上坟。（ ）
4. 人们对修桥不热心是因为很少有人需要这座桥。（ ）
5. 彭老人和三爷聊天是为了解闷。（ ）
6. 大家一起帮彭老人造桥是觉得新鲜有趣。（ ）
7. 潺爷不结婚是因为没有女人愿意跟他这样的人。（ ）
8. 村里人觉得胖大婶死得有福气，是因为她安然地死在自家床上。（ ）
9. 彭老人忘不了他死去的妻子。（ ）
10. 在彭老人去世后的那个晚上，为了带彭老人的灵魂看看他生前舍不得的世界，三爷划了一夜的船。（ ）

二、把每组中意思相近的两个词语圈出来

1. 张罗　组织　敢情
2. 收拾　装潢　侍弄
3. 异样　寻常　特别
4. 抽咽　哽咽　抽烟

5. 解乏　明白　提神

6. 晓得　知道　早晨

7. 门道　道路　规矩

8. 清楚　含糊　模糊

9. 拐弯抹角　直截了当　索性

10. 光棍　单身汉　穷光蛋

11. 得罪　赔罪　冒犯

12. 扫兴　失望　高兴

13. 困难　难为　为难

14. 营生　生活　职业

15. 搁　撑　撂

16. 差池　池水　错误

17. 期许　希望　时期

18. 生疏　老练　熟练

19. 中意　满意　敦厚

20. 飘逸　森严　潇洒

21. 腐朽　端庄　败坏

三、解释课文中画 ~~~ 的部分

四、思考与讨论

1. 三爷是从事什么职业的？人们对他的看法是什么？

2. 人们为什么对修桥不热心？

3. 三爷为什么不成家？

4. 彭老人为什么要修桥？

5. 彭老人为什么把自己的后事（死后的丧仪）托付给三爷？

6. 三爷在为彭老人守夜的那一夜做了什么？为什么？

7. 学完此文，你能说说中国人传统的丧礼都有哪些讲究吗？

8. 中国人对于信仰的态度是什么？

9. 对于死后的世界，中国人的想象是怎样的？

10. 小说的时间线索、中心事件、主要人物各是什么？

五、概述故事，600字左右

六、写一篇报告，比较你们国家与中国在丧礼方面有哪些异同

第九课　风　度[1]

铁　凝[2]

【课前热身】

1. 在你的成长过程中，有哪些特别重要的人或事？
2. 在你们国家，城市与农村差距大吗？说说历史及现状。
3. 你参加过对抗性的比赛吗？你是一个在意输赢的人吗？
4. 你常跟别人比较吗？你觉得经常和别人比较好不好？

　　丽景酒店三楼，法兰西，六点。他们是这么告诉她的。法兰西是他们订的那间包房[3]。

　　和法兰西这个称谓[4]相比，她的名字就显出了几分"土"[5]，她叫程秀蕊，十九岁以前一直生活在

> 程秀蕊的名字为什么显得"土"？

---

[1] 风度：人的美好的举止、姿态或气度。有~ | ~好。
[2] 铁凝（1957—　）：女，1957年生于北京，1975年高中毕业时自愿到河北农村插队，同年开始发表作品。在农村务农四年，不断发表短篇小说。1983年《哦，香雪》获全国优秀短篇小说奖，根据该小说改编的同名电影获第41届柏林国际电影节青春片最高奖。她的作品常常冲击最敏感的现实价值观问题，尤其关注女性命运，几乎每一篇小说在当时都引起过争论，如《没有纽扣的红衬衫》《麦秸垛》等。主要作品有长篇小说《玫瑰门》《大浴女》、中篇小说《永远有多远》等，多次获奖。2006年至今任中国作家协会主席。
[3] 包房：即包间，为客人提供的专用房间，可以不被外人打扰，一般价格贵。
[4] 称谓：名称。
[5] 土：这里指土气，指乡土的、本地的、非现代化的。反义词是洋，指城市的、外国的、时髦的。

乡村。不过，就像C市丽景酒店的这间"法兰西"并不在法兰西一样，今天的程秀蕊也已经不在乡村。那么，她去赴⁶六点钟的这个聚会，原本谈不上什么扭捏⁷和不自在。程秀蕊早就是C市的市民了，在市医院工会工作，一年前已经退休。

但是，这个聚会是和乡村有关的。那天胡晓南给她打电话说得很明白，他说知道谁要从北京来吗？李博呀。程秀蕊说李博不是在法国么。胡晓南说："刚回来，他的公司和北京谈一个环保项目。三十多年不见了，我们这几个黑石头村的人……王芳芳啊宋大刚啊……我们要聚一聚，我定地方我买单……"结果就定了丽景酒店。这是C市最贵的酒店，胡晓南刻意⁸的选择。他从二十年前大量收购贵州的"苗银"⁹起家，如今在C市经营着珠宝批发¹⁰。如果不是李博要从北京来，程

> 他们为什么要聚会？
>
> 参加这次聚会的人有什么共同的特点？
>
> 聚会为什么选择在这个地方？

6　赴（fù）：往，去。~京 | ~会 | ~任 | ~约 | ~宴。
7　扭捏（niǔnie）：说话做事不自然，太拘束。
8　刻意：特意，花了很多心思。
9　苗银：中国苗族地区的重要首饰和婚嫁用品。其含银量并不高，但由苗族手工艺人按照传统方式制作，图案精美，富有寓意，有一定的审美价值。
10　批发（pīfā）：成批地大量地买卖商品。反义词是零售。

秀蕊和他们一年也难得见一面。

这是个五月的一个晚上,程秀蕊提前给儿子儿媳和丈夫做好晚饭,换了身衣服,打车来到丽景酒店。她走进"法兰西"时,胡晓南他们几个以及他们的家属——各自的太太和先生,已经围在包房里一只象牙黄的大理石假壁炉前高谈阔论,他们在谈这间"法兰西"的格调[11]。他们的谈论并没有因为程秀蕊的到来而打断,他们只是有个短暂的停歇,和她寒暄并告诉她李博的航班晚点了,大约八点左右才能到。但显然,他们没有因为航班的晚点而沮丧,毕竟李博是大家那么想见的人。所以他们又从法兰西说到这酒店的老板因为喜欢法国影星凯瑟琳·德纳芙[12],就在酒店的很多地方都摆了德纳芙的剧照。程秀蕊有一搭无一搭[13]地听着他们的议论,一边给自己选了把据他们说是路易十六风格的软椅坐下来,接受了一

> 聚会的场所有什么特点?

---

11 格调(gédiào):风格,腔调。指人或事物的品质及水平。有~ | ~高。

12 凯瑟琳·德纳芙(1943—   ):法国演员,代表作有《巴黎最后一班地铁》《瑟堡的雨伞》等,曾获威尼斯电影节最佳女演员奖等。

13 有一搭无一搭:口语,比较随意地。她一边做饭,一边~地跟客人聊天。

名白制服上缝着金色肩章的服务员端来的普洱[14]，就静静地自己待着了。

　　她喜欢这样，三十多年前就是这样。她从来不是事件和谈话的中心，她只是一个合格的倾听者。胡晓南他们也深知她的秉性[15]，他们愿意和她交往，虽然就出生地而言，她生在黑石头村，而他们，是三十多年前从C市去黑石头村插队[16]的人。她喝了一口被介绍为"1729普洱会所"出品的普洱茶，环顾着"法兰西"。这包房并不大，仿路易十六时期的家具精巧和不太过分的繁琐[17]兼而有之[18]，颜色以金红、金黄、乳白为主调，华贵中也还有明亮和舒适。除了壁炉之外，烛台和水晶吊灯等等一应俱全[19]，以郁金香[20]图案的锦缎[21]

> 程秀蕊和其他参加者有什么不同？

14　普洱（pǔ'ěr）：指普洱茶，一种产于云南省的黑茶。茶色深红，味道浓厚，茶性温润，可助消化。普洱，地名，位于云南省西南部。

15　秉性（bǐngxìng）：本性。

16　插队：指1966—1976年间城市里生活的年轻人被安插进农村的生产队生活并从事农业劳动。

17　繁琐（fánsuǒ）：繁多，细小，杂乱。

18　兼而有之：两者都有。

19　一应俱全（yìyīng-jùquán）：该有的都有。

20　郁金香（yùjīnxiāng）：一种百合科的植物，开出红、黄、白、紫等多种颜色的美丽花朵。

21　锦缎（jǐnduàn）：一种华丽的丝织品，其上有用金银线织成的凸花。

壁布装饰的墙壁上没有油画,正如胡晓南他们所言,凯瑟琳·德纳芙的各种照片占据了一整面墙壁。程秀蕊看过这位法国影星的一些电影,墙上的她高贵、优雅、神秘[22],她在墙上的凝固让这个房间变得更加具有现实感,或者也可以说更加戏剧化了。程秀蕊觉出今晚自己挑选的衣服和眼下的气氛相比,还是逊色[23]了吧?她拿不准[24]。她个子偏[25]矮,穿了一条镶蕾丝[26]花边的垂感不错的黑色长裙。她忽然觉得也许她不应该穿这么一条长长的黑裙子。她下意识地看看胡晓南他们,他们衣着都很随便。胡晓南经营珠宝,可他浑身上下没有一样珠宝,看上去他的夫人也和他一样——两口子就像和珠宝作对[27]似的。王芳芳是一家国际品牌化妆品在这个省的总代理[28],可她自己却从来不用化妆品,也不向程秀蕊她们这些女士推

> 程秀蕊为什么忽然觉得自己的裙子不合适?

---

22 神秘:不容易了解和理解。
23 逊色(xùnsè):比不上。
24 拿不准:不能做出准确的判断。
25 偏:和一般的情况相比,不合乎预期。~瘦 | ~长 | ~贵 | 这件衣服~瘦,我穿不进去。
26 蕾(lěi)丝:英文 lace 的音译,用于纺织品装饰的材料。
27 作对:反对,对着干。
28 总代理:在指定地区和一定期限内享有专营权。

荐[29]。宋大刚供职[30]于一家省级中医药学刊,刚从台湾参加一个两岸中药论坛回来,程秀蕊听见他正在讲台湾人把对某事或某人感到极端的恶心[31]说成"恶到爆"。于是大家笑起来,一边齐声重复着"恶到爆",玩味着这三个字组合起来的响亮和彻底[32]。程秀蕊喜欢和他们相聚,从当年在黑石头村时就喜欢。她觉得他们是不俗的文明的人,而她内心深处总觉得和他们是有差距[33]的。比如眼下,他们坐在这间冒充[34]的"法兰西"里,并不是真的推崇[35]它。他们选择它,是想让从真的法兰西归来的李博知道,三十多年之后的 C 市也已经有了类似这种格调的酒店。他们衣着随便地坐在这儿,大大咧咧[36]地高谈阔论,甚至已经是对它的某种讥讽[37]。又比如眼下,虽然大家的衣服

---

29 推荐:使好的人或事物被更多人知道和接受。
30 供(gòng)职:工作。
31 恶心(ěxin):讨厌,极大的反感。
32 彻(chè)底:通透到底。形容深透、完全。
33 差距(chājù):事物之间相差的程度,也指距离某种标准有距离。
34 冒充:把假的当作真的。
35 推崇(chóng):给予很高的评价,觉得非常棒。尊敬,佩服。
36 大大咧咧(dàdaliēliē):不放在心上,随便的样子。
37 讥讽(jīfěng):挖苦,嘲笑。

都随便，可到底，他们的随便显出了那么一种不一般。生性敏感的程秀蕊意识到这点，再次生出要和他们相像的愿望，这愿望是她在少女时期就强烈存在的。尽管她已经是快做奶奶的人了，这心中的愿望还是点点滴滴如隐身人一样地追随着她。

> 程秀蕊从什么时候开始就想要和他们相像？

这时，只听宋大刚又从"恶到爆"讲起当年在黑石头村和李博走夜路拉粪[38]的事，正是"恶到爆"让他想起那个倒霉的晚上。胡晓南立刻揭发[39]说："是啊，几百斤的粪桶，你说不推就不推了，躺在地上破口大骂[40]，人家李博劝了你一个多小时，人家比你还小两岁呢。"宋大刚说："敢情[41]你没去推啊，那天晚上我实在是……实在是——恶到爆了！"

程秀蕊知道那个晚上。

---

38 拉粪（fèn）：粪，人类或动物的排泄物。过去不使用化肥，农村把粪便当作宝贵的肥料，用来使土地获得更多的养分，从而提高粮食产量。要得到这些肥料，就要去厕所里把粪掏出来，然后运到田里，这叫作拉粪。
39 揭发（jiēfā）：把坏人坏事说出来，让大家都知道。
40 破口大骂：凶狠恶毒地怒骂。
41 敢情（gǎnqing）：北方口语，表示情理明显，结局有必然性，不用怀疑。她唱得那么好，~受过专业训练！

> 那年宋大刚和李博都是十几岁的孩子，李博十五岁，宋大刚十七。他们和胡晓南同在黑石头村的第八生产队[42]，程秀蕊的爹就是八队的队长。村里为他们安排的房子在程家隔壁，一个只有两间干打垒[43]小屋的院子。王芳芳分在六队，因为是女生，就选择住进一家农户。黑石头村是这一带平原的穷村，没有黑石头，有沙土地，产棉花。男劳力一天的工分是一毛二分钱。虽是穷，这三个城里来的学生却没有特别的沮丧，他们白天上工，晚上回来就着柴油灯读书写字。每当王芳芳过来串门的时候，他们还会一起唱歌，胡晓南有一只总是装在绿丝绒套子里的口琴。年龄最小的李博喜欢打乒乓球，每天不管多累他也要站在院里对着土墙打上一阵。常常在这时，隔壁的程家，程秀蕊的娘，一个头发蓬乱、颧骨[44]红红的小个子妇女就会隔着墙头叹一声："唉，这些城

当年，黑石村的生活条件怎么样？

学生的精神状况怎么样？

为什么程秀蕊的娘要叹气？

42　生产队：1958年至1984年中国农村生活、劳动的组织单位，一个生产队的农民一起劳动，集体分配劳动成果。

43　干打垒（gāndǎlěi）：在中国西北部地区，由于干旱少雨和贫困而产生的一种简易的建筑方法，在两块固定的木板中间填入黏土，建成墙壁和房屋。

44　颧（quán）骨：人面部眼下突出的骨头。

里的学生啊，可怜不待见的！"⁴⁵

黑石头村的农民一向把这些城里来的孩子称作学生，暗含着某种敬意甚至是歉意。程秀蕊早就发现了这点。那时她才是真正的学生，她在五里地之外的镇上读高中。但是村里没有人叫她学生，"学生"说到底是叫给城市来的孩子的。黑石头村的人自觉地用这个称谓把城里人和乡下人分开了，这样的分开，程秀蕊竟也认可。有时她会站在本来就不高的墙头看看邻家院子，她见过读了半夜书的他们，是怎样在早晨脸也不洗就抄起小锄⁴⁶或者铁锨⁴⁷奔出门去上工。他们的鼻孔被冒烟的柴油灯熏得乌黑，眼珠子却是通红，地狱⁴⁸里出来的小鬼似的。他们衣衫褴褛⁴⁹，但他们使她受到吸引。她要⁵⁰娘有闲时帮他们缝补⁵¹磨破的

> 村民们怎样看待这些学生？

45　可怜不待见的：可怜，值得同情。待见，口语中表示喜欢，多用于否定式。这句话是说这群学生没有受到很好的对待，生活上吃了很多苦，她对此表示同情。

46　锄（chú）：一种常见的农业工具，可以用来弄松土地及除草。~头│铁~。

47　锨（xiān）：一种常见的工具，板状的头，有长把手。铁~│木~。

48　地狱（dìyù）：某些宗教或迷信认为人死后灵魂在地下受折磨的地方，跟"天堂"相对。常比喻受苦受难的地方。

49　褴褛（lánlǚ）：衣服破烂的样子。

50　要（yào）：请求。

51　缝补（féngbǔ）：用针线把破烂的衣服修补好并缝起来。

> 这些知青为什么会吸引程秀蕊？

衣服，当她被派去送还那些衣服时，就自然地和他们认识了。程秀蕊一直觉得，那是她生活中最愉快的日子。她从他们那里借来不便公开的书，车尔尼雪夫斯基[52]的《怎么办》，屠格涅夫[53]的《父与子》，托尔斯泰[54]的《安娜·卡列尼娜》……她一边听着他们热烈的议论，一边怀着陌生的狂喜似懂非懂地"吞咽"着这些大书。年岁最小的李博，兴趣在另一类书上，他读《资本论》[55]，并渴望读到《列宁[56]全集》。为此他还托[57]过程秀蕊，问她镇中学能不能借得到。程秀蕊对李博的阅读没有兴趣，她望着这个瘦弱而又羞涩的学生，不明白为什么他会把乒乓球和《资本论》看成生活

52　车尔尼雪夫斯基（1828—1889）：19世纪俄国著名作家、哲学家。《怎么办》是他最著名的长篇小说。

53　屠格涅夫（1818—1883）：19世纪俄国批判现实主义作家，主要作品有长篇小说《罗亭》《贵族之家》《前夜》《父与子》等。

54　托尔斯泰（1828—1910）：19世纪中期俄国批判现实主义作家、思想家、哲学家，代表作有《战争与和平》《安娜·卡列尼娜》《复活》等。

55　《资本论》：卡尔·马克思（1818—1883）的代表作，也是马克思主义的重要理论著作。

56　列宁（1870—1924）：著名的马克思主义者、无产阶级革命家、政治家、理论家、思想家，是俄罗斯苏维埃联邦社会主义共和国和苏维埃社会主义共和国联盟的主要缔造者、布尔什维克党的创始人、十月革命的主要领导人、苏联人民委员会主席。

57　托：请求帮助。~人照顾孩子 | ~人办事不容易。

中那么要紧[58]的事。

有一天李博的乒乓球从墙那边飞过来落进程家院子，他紧跟着就跑过来四处找球。正在院里给一棵小石榴树浇水的程秀蕊见他急成那样，就帮着他一起找。他们发现乒乓球落进了猪圈，躺在泥沼[59]一般的猪粪上，几乎要被圈里那只瘦弱的黑猪践踏[60]。只见李博毫不犹豫地跳了进去，手疾眼快地抢出了他的乒乓球。后来程秀蕊知道了，虽然一个乒乓球不过几分钱，但李博身上常常是一分钱也没有。她手持一只海碗大的葫芦[61]水瓢舀来清水，让李博脱下粘满猪粪的球鞋，她要给他刷鞋。当他蹲下脱鞋时她就站在他的背后，她一眼就看见他头顶上有三个圆圆的"旋儿"[62]。她想起娘常说的"<u>一个旋儿横，俩旋儿拧，仨旋儿打架不要命</u>"。她不相信李博是打架不要命的

> 从进猪圈捡乒乓球这件事可以看出李博的什么性格特点？

58　要紧：口语，重要。
59　泥沼（nízhǎo）：烂泥坑。
60　践踏（jiàntà）：用脚踩坏。比喻伤害，损坏。
61　葫芦（húlu）：一种藤蔓植物所结的果实，像个8字。去除果肉晒干后切成两半，可以作为舀水的用具。
62　旋儿（xuánr）：头发生长时，在头皮上留下的自然痕迹，呈圆圈状。

人，可她又暗想，这个蹲在地上的少年身上，分明有一股子谁都没有发现的力量——那时她脑子里还没有爆发力这个词。她舀来清水，替他冲洗干净被他紧紧攥[63]住的乒乓球。望着他手中那个重新白净的小球，她说："为什么你不和胡晓南、宋大刚一块儿打球呢？"他说他们不喜欢打乒乓球，他越是喜欢，他们就越是不喜欢。他这番话把她逗笑[64]了，就又问："那你一个人和这土墙没完没了地打球可为了个什么呢？"他说也不为什么，可以练发球[65]吧，比如旋转发球。而且，不间断地练习，也能培养自己的球感。程秀蕊不知道"球感"意味着什么，但她很为这个词兴奋。她记得当时还问过他："干了一天活儿还打球也不嫌[66]累得慌？"他说干活儿是干活儿，打球是打球，打球是体育运动。她说："干活儿不就是锻炼[67]吗，还用得着专门运动？"他说："嗯。"她

---

63 攥（zuàn）：用力握。
64 逗（dòu）笑：引，惹，使。他的话把她~哭了。别~他，他还是个小孩子呢。
65 发球：球类运动中，最先打出球的动作。也叫开球。
66 嫌（xián）：觉得讨厌。~累｜~苦｜~脏。
67 锻炼（duànliàn）：通过体育活动来增强体质、保持健康。

记住了他这声再简短不过的"嗯"。

有时候，程秀蕊也会想到李博的身世[68]。村里人都听说了李博的身世，都知道他母亲是个国民党军官的姨太太[69]。如今父母已经去世，李博被送往小姨[70]家生活直到来黑石头村。小姨是县蓄电池[71]厂的工人，姨父在工厂当门卫。但这并没有让人们由此就把李博看成工人阶级的后代，村人仍然会说："李博的娘啊，是个国民党的姨太太呢。"话里或许有一点好奇，但更多的仿佛是惋惜。每逢想到这些，程秀蕊就会对这个小她几岁的孩子，莫名地生出一种怜恤[72]之情。她和她的全家有时会邀请他们过来吃饭，玉米、红薯两样面混合的素馅[73]蒸饺。馅儿是大白菜，把用棉籽油[74]炒

> 程秀蕊一家怎们看待李博他们？又是怎么对待他们的？

---

68 身世：指人生的经历、遭遇、背景等。
69 姨太太：旧中国一个男人可以娶多名女性为妻，第一个妻子之外的妻子称为"姨太"，可以按顺序排，如大姨太、二姨太、三姨太等。
70 小姨：妈妈的妹妹。
71 蓄电池（xùdiànchí）：可以存储电能并多次充电使用的电池。
72 怜恤（liánxù）：同情，怜悯。
73 素馅：没有肉包在里面。
74 棉籽（zǐ）油：用棉花的种子榨的油，颜色较其他油更深更红，精炼后可供人食用。但粗制的棉籽油会对男性生殖能力造成损害，造成不育。

过的花椒[75]碾碎[76]，拌在白菜馅里，香味儿就出来了。那时王芳芳也被程秀蕊偷偷从邻队叫来，她的饭量一点也不比男生差。<u>逢这时他们会敞开肚子，把自己吃得呲牙咧嘴[77]，昏天黑地。</u>

他们感激生产队长家这种阶级阵线不清楚的温和，虽然，待他们温和的生产队长在家是打老婆的。程秀蕊的爹对待老婆——那个颧骨红红的小个子妇人很粗暴，为她白拿了队里豆腐房的两块豆腐，为她替队里一个被人揭发摘棉花时往裤裆里私藏了两把棉花的妇女说情，为她眼红[78]邻队社员[79]能偷着进城卖花生和黄豆赚零花钱，<u>为天大的事和屁大的事</u>……他都要打她。他打她有两个动作：一是揪住她的头发，二是脱下自己的鞋。他边用鞋抽打她，嘴里发出狂暴的怒吼[80]，"呋呋[81]"

> 这几个知青对程秀蕊一家的感情是怎样的？

---

75 花椒（jiāo）：一种香料，颜色鲜红的小颗粒，味道麻辣，是川菜的主要调味品。
76 碾（niǎn）碎：用工具重压，使物体变成粉末。
77 呲牙咧嘴（zīyá-liězuǐ）：张着嘴巴，露出牙齿。多用来形容由于用力或疼痛而不由自主地张着嘴的样子。
78 眼红：嫉妒，羡慕。
79 社员：1958年至1982年中国农村的基层组织，一个乡建立一个人民公社，公社中的农民即为"社员"。
80 怒吼（nùhǒu）：因生气而发出呼喊。
81 呋呋（fūfū）：拟声词，模拟生气时喘粗气的声音。

地呼着粗气。这是程秀蕊最为厌恶和恐惧的场景，她尤其受不了爹的脱鞋打人，她觉得这是乡下人最愚昧[82]、最野蛮[83]的动作之一。尽管她不知道城里人打架是怎样打法，但直觉[84]让她认定，脱鞋打人，只有乡下人才这样。有一次爹扬着手中的鞋狂吼着追娘到院里，被刚好进院的李博他们看见。程秀蕊正要从院角儿的茅房出来，这情景叫她把眼一闭，恨不得一头撞墙。她猛地又蹲回茅坑，把自己给藏了起来。她蹲着，恼怒着爹的粗野，也恼怒着自己鞦[85]在这个旮旯[86]的委琐[87]。

> 程秀蕊对父亲的看法如何？

> 程秀蕊为什么躲起来？

可是，爹和娘对城里来的学生们，那实在是好。学生们似又拿不出什么来感激队长一家。

一天李博从县城回来，兴奋地告诉胡晓南和宋大刚，他能从小姨她们厂拉来一车大粪送给程秀蕊家。乡村生活已经让李博他们懂得，人粪是

> 知青们打算怎么来表达他们对程秀蕊一家的感激？

---

82 愚昧（yúmèi）：愚蠢而不明事理。
83 野蛮：不文明，粗鲁。
84 直觉：不经推理和仔细思考去理解事物，凭主观感觉判断。
85 鞦（qiū）：缩，这里指不敢出去，不敢向前。
86 旮旯（gālá）：方言，角落，不引人注意的小地方。
87 委琐（wěisuǒ）：行为举止不大方。

粪中的上品，是农人最珍爱的细肥，所以它才会被称为"大"。给程秀蕊家送一车大粪，这是在厂里当门卫的姨父出的主意。原来厂里厕所是包[88]给附近一个村子的，村人一星期来掏一次大粪。姨父说李博他们可以在村人之前先掏一次，其实也就是偷粪的意思了，因此要在晚上。粪桶和推粪的平板车由姨父疏通关系[89]从厂里借出，但他们把大粪拉回村之后得赶紧连夜再将车和粪桶送还，毕竟，姨父是在冒险。黑石头村离县城25华里[90]，连夜往返一次意味着要走50多里路。即便对于成年人，这其实也是个难题。李博问胡晓南和宋大刚谁愿意和他一起去拉粪，胡晓南说队长派他夜里浇地，明摆着，只能是宋大刚和李博一道进城了。

> 这个任务是由谁来完成的？

> 她知道他们当天晚上要做什么吗？

> 程秀蕊找李博干什么？

程秀蕊并不知道他们的偷粪计划，当他们就要去实施偷粪计划的时候，她跑来告诉李博一个消息：她们学校新来了一个名叫吴端的男生。这

88　包：承包，总揽，负全责。
89　疏通关系：利用关系进行利益的调解。
90　华里：长度单位，1华里相当于0.5公里，即500米。

吴端的父母原是市政府的高级干部[91]，因为有问题才下放[92]到镇上。吴端在学校显得很突出，他穿浅驼色斜纹卡叽布[93]制服短裤，把小方格衬衫扎在短裤里；他的白球鞋也总是那么雪白，在尘土飞扬的镇中学，这几乎是不可能做到的。程秀蕊为此感到惊奇。但这并不是她向李博报告的主要内容，她要说的是，这个名叫吴端的男生会打乒乓球，曾经被市少年体校选中，来到镇上，已经代表校队打过多次比赛，听说是打遍全县无敌手。所有这一切都足以引起一所乡镇中学的注目，而最让程秀蕊兴奋的，是他的球技。她想到了李博，想到他孤单一人和土墙的拼杀，不知为什么，她忽发奇想地要促成[94]一场比赛，一场吴端和李博之间的"男子乒乓球单打"。她自然还有一种让李博打败吴端的愿望，如果用敌方和我方来划分，显然她觉得她和李博都属于"我方"。

91　干部（gànbù）：中国国家机关、军队、人民团体中的公职人员。
92　下放：政府或上级机关把干部送到下层机构去工作学习，使其提高思想和能力。
93　卡叽（kǎjī）布：一种主要由棉、毛、化学纤维混纺而成的织品，通常呈浅驼色。也叫卡其布。
94　促成：帮助事情办成。

她撺掇[95]李博说，约他来打一场怎么样？她一边撺掇，一边紧紧盯住李博的脸，眼巴巴[96]的。她这样撺掇时李博和宋大刚正要去往县城拉粪，但李博向程秀蕊隐瞒[97]了晚上的偷粪工程。他非常注意地听着程秀蕊带来的消息，然后用一声"嗯"表示他同意约吴端。这同意虽只短到了一个字，程秀蕊却听出了其中的热望，便立刻追问明天行不行。原来她早就向吴端介绍过李博了，她盘算[98]着明天是星期五，下午又没课，吴端要是能来黑石头村拜访李博，在小学校院子里那张红砖垒就的球台上比赛就最合适。她在村里念小学时就有那张破球台，只是她从来没见过有人用它打球，倒是有男生站在上面摔跤[99]。李博为了这个"明天"稍微迟疑[100]了一下，结果还是答应了一声"嗯"。

> 从这里看，乒乓球当年在农村普遍吗？

95　撺掇（cuānduo）：煽动，怂恿，鼓励别人去做某事。
96　眼巴巴（yǎnbābā）：迫切渴望的样子。
97　隐瞒（yǐnmán）：不让别人知道。
98　盘算（pánsuan）：打算，计划，对事情的过程或结果在心里进行仔细的考虑。
99　摔跤（shuāi jiāo）：一种力量竞赛，先摔倒对方者获胜。
100　迟疑（chíyí）：犹豫。

第九课　风　度

　　那个下午，李博和宋大刚步行进城，在小姨家吃过晚饭就推上姨父预先准备好的粪桶和平板车，到厂里的几间厕所去掏粪。据宋大刚讲述，那个巨大的木制粪桶一个人都搂不住，他和李博轮流[101]用粪勺舀个没完，怎么也是不见满。折腾了一两个钟头，大粪总算把粪桶填满时，他们估算了一下，足有200斤吧。他们推着硕大的粪桶上路，天已黑透，路又不平，桶里的屎尿被颠簸[102]着不断溅出来，臭气冲天。这打乱了他们原来的计划：他们不能走土路，得绕着县城平坦的柏油路[103]回村，这要比土路多走出五六里地，却能保住大粪的平妥[104]。一路上，他们轮换着推车。两人掏了一阵厕所已经很累，现在又要绕道回村，宋大刚就有点火不打一处来，一路走一路嘟嘟囔囔[105]，抱怨着天黑，路远，粪臭；抱怨着这

> 他们的任务为什么没有按原计划进行？

> 宋大刚为什么发火？

101　轮流：一个人做完另一个人接着做，不断交替进行。~吃饭 | ~打球。
102　颠簸（diānbǒ）：在行路的过程中上下震荡，起伏摇动。
103　柏油路（bǎiyóu lù）：用沥青和砂石铺成的路。
104　平妥：平稳，妥当，安全。
105　嘟嘟囔囔：嘟囔（dūnang），不断地、小声地自言自语。多表示不满。可以重叠为嘟嘟囔囔。

卖苦力的日子没有尽头。说到激愤[106]处，他干脆双手一松将车把往地上一撂[107]，躺在地上哭闹起来，仿佛一辈子的委屈都被这一车大粪勾引了出来，<u>他非得对着这臭哄哄的黑夜撒一回泼</u>[108]<u>不可</u>。他口中喷射出一股又一股对所有人，甚至对某些大人物的诅咒[109]。虽是无人的旷野，李博还是扑上去拿手捂住他的嘴，他就冲李博的手上吐唾沫。几十年之后的宋大刚，最怕黑石头村的人讲这段，<u>每逢讲到这里他就高喊着"打住打住"</u>。然后大家就说："这可都是你一字一句告诉我们的呀，人家李博可什么都没提过！"是呀是呀，宋大刚说："<u>可谁会想到叫你们当成了我这辈子的一个保留节目呢。</u>"那个晚上，李博蹲在他身边又劝又哄，用细瘦的胳膊拼着全身的力气抱宋大刚起来，让宋大刚空手跟着走，然后他单独一人把粪推回了黑石头村。接着，他们又连夜返

> 李博当时的情绪怎么样？

---

106 激愤：激动，愤怒。
107 撂（liào）：放。
108 撒泼（sāpō）：大哭大闹，无理取闹。
109 诅咒（zǔzhòu）：用恶毒的言语咒骂，或祈求鬼神降祸于他人。

回县城送还粪桶和平板车。当他们再一次从县城回到村里时，太阳已经很高。

程秀蕊站在家门口，在光天化日[110]之下闻着墙根那堆新粪呛人的气味，看着由远而近的李博和宋大刚。她已经从浇了一夜地回来的胡晓南那儿知道了这一夜的"粪"事，她粗算了一下，这一夜多，他们不停地走了70多里地吧。她看着这两个人，他们脚步趔趄[111]，灰头土脸，形容[112]憔悴，神情却亢奋[113]，仿佛刚刚合伙殴打[114]了别人，或是刚被别人痛打[115]。宋大刚只对程秀蕊说了一句话："粪来了，我可得去睡了。"

程秀蕊对李博说："那你呢？"她想到定在当天下午的比赛，很是不忍心。她告诉李博，吴端已经答应了今天下午。她又说要不咱们改一天吧。李博告诉她，不用改了，下午行。

> 当时大家是怎么知道前一天晚上的情况的？

> 为什么程秀蕊要更改比赛时间？

> 比赛时间更改了吗？

---

110 光天化日：这里指大白天在太阳光下。
111 趔趄（lièqie）：身子摇晃、走路不稳的样子。
112 形容：形体容貌，指人看起来的样子。
113 亢（kàng）奋：过度兴奋。
114 殴（ōu）打：打。
115 痛打：使劲用力地打。

在那个五月的下午，在经历了一整夜的长途跋涉之后，李博在黑石头村小学的破院子里和镇中学的乒乓高手吴端如约会面。据说吴端还是身穿西式短裤小方格衬衫，白球鞋还是一尘不染[116]。他的球拍是名牌红双喜[117]的，他站在黑石头村小学的院子里，一定像是来自另一个世界。李博的球拍是低一级"流星"的，边缘的破损处沾着星星点点的橡皮膏[118]。他的衣裳，严格地说，他的衣裳肯定还溅[119]着一些大粪的斑点。但这并不妨碍他和吴端在开赛前和比赛后还互相握手——据说。所以用了一些"据说"，是因为这场比赛的策划[120]人程秀蕊没能来看比赛。那天她的娘，那个总是感叹李博他们"可怜不待见"的小个子妇人，在被丈夫又一次殴打时突发阑尾炎[121]，程秀蕊和爹一块儿送她去了镇医院。虽然

> 为什么程秀蕊没有看到比赛？

---

116 一尘不染（yìchénbùrǎn）：没有一点尘土，形容非常干净。
117 红双喜：乒乓球运动器材的品牌。
118 橡皮膏（gāo）：本来是医用固定纱布的材料，这里用来贴在球拍上起修补作用。
119 溅（jiàn）：液体由于受到冲击而向四外飞射。水把衣服~湿了｜~了一身水。
120 策划：计划和安排。
121 阑尾炎（lánwěiyán）：阑尾发炎时右下腹剧烈疼痛，有时恶心及呕吐，需要及时动手术。

娘在镇医院当时就做了手术,但程秀蕊回到村里已经是第二天,赛事早已结束。很长时间里,这成为程秀蕊一个特别重要的遗憾[122]。

守候了娘一夜的程秀蕊满心惦记的都是李博的输赢。她一回村就迫不及待地向胡晓南和宋大刚打听昨天的比赛。"谁赢了?"她问他们。他们不知道,因为他们没有去观战。程秀蕊想起来了,他们不喜欢乒乓球。她又去向村里的大人和孩子打听。"谁赢了?"她问他们。一些人去小学校看了比赛,但村人并不了解乒乓球,他们甚至看不懂输和赢,因此他们无法让程秀蕊满意。他们的注意力在另外的地方,比如两个少年人的握手,就让他们称奇并且开怀大笑。村人之间是不握手的,他们怎么也不明白为什么赛个球还非得握握手不可。两个半大的孩子家。

"谁赢了?"程秀蕊又急切地想要去问李博。她听说李博正在地里浇麦子,就直奔八队的麦地。

> 她打听到输赢的结果了吗?为什么?

> 让村人感到好奇的是什么?

122　遗憾:感到可惜的事。

远远地她就看见他正弯着腰改畦口[123]。他的细瘦而有力的胳膊挥动着粗柄铁锨，显得那铁锨挺笨大。"哎——，李——博！"她铆足[124]了劲儿冲他喊：

"谁——赢——啦？

谁——赢——啦？"

麦子正在灌浆[125]，程秀蕊的喊声在饱满而又广阔的麦田里顽强地、不间断地泛着回音。她拖着长声叫喊着，叫喊着就冲到了他跟前。当李博直起腰就站在程秀蕊对面时，她却又谨慎地盯住他的脸，像怕吓着他似地把叫喊变成了小声，她小声问道："谁赢啦？"

他当然知道她问的是什么，却不作答。他冲她无声地笑笑，她说不清那笑是腼腆[126]还是自豪，是喜悦还是遗憾……接着，他把头微微一偏，望着远方低声感叹道："那个吴端，嗯，真

---

123 改畦（qí）口：给农田浇水时，要修改土地的边界，使水流进一块地里，浇完这一块，要再修改土地的边界，使水流入下一块地中。
124 铆（mǎo）足：集中全部的（精神、力气、勇气等）。
125 灌浆（guàn jiāng）：这里指农作物的果实、种粒正在生长，逐渐饱满的过程。
126 腼腆（miǎntiǎn）：不好意思、羞涩的样子。

棒。"他的神情真挚[127]而又惆怅[128]，或者还有一种清淡的思念。

> 李博最后告诉程秀蕊比赛的结果了吗？

李博从来没有告诉过程秀蕊那天的赢家是谁，程秀蕊却永远记住了五月的麦子地里李博的那个瞬间。阳光之下有一个词在她心里突然就涌现了：风度。是了，那就是风度，那就是她在从他们那儿借来的书中见到过却从来没有感受过的词：风度。<u>在这样的风度面前，一时间问和答似乎都已经显得多余。</u>那时她站在五月的麦子地里，仿佛被定住似的不能动弹，世界也在那一瞬间变得安祥[129]静谧[130]，洁白纯真。

> 怎么理解"风度"的内涵？

她不记得自己怎样离开的麦地，只记得怀揣着李博的那声感叹，到底还是有那么一点不甘心。回到学校她还是忍不住向"真棒"的吴端问了那天的输赢。吴端一脸敬意的坦率[131]回答印

> 程秀蕊最终知道比赛的结果了吗？是什么？

127　真挚（zhēnzhì）：真诚恳切。
128　惆怅（chóuchàng）：伤感，失意。
129　安祥（ānxiáng）：稳重，从容。
130　静谧（mì）：平静，宁静。
131　坦率（tǎnshuài）：不隐瞒，直截了当。

证[132]了程秀蕊的猜想，吴端的回答也让她生出一种冲动，那是想要赞美他们的冲动，在她心中，从此就有了两个真正不凡的少年。

30多年已经过去，黑石头村的几个年轻人早就各奔东西，程秀蕊也从乡村出来，成了C市的市民。她在城市生活里始终也没再见过那样的风度，而她一生的追寻，一生想要理解和靠近的，又似乎总和出现过那个风度的瞬间有关，直至中年已过，直至老年即近。

……

她喝了一口已经凉了的普洱，听见胡晓南正在讲李博，讲他的科研，他的资产，他的公司同国内合作的项目，讲李博当年逼迫[133]他和宋大刚参加高考而他却没听他的话，讲如今发展最好的还是李博啊……他还调侃[134]道："李博那么聪明说不定都是当年练乒乓球练的，反应就是比一般人

132　印证：后面发生的事证明了前面的想法是正确的。
133　逼迫（bīpò）：施加压力促使。
134　调侃（tiáokǎn）：开玩笑，挖苦。

快呀！"宋大刚和王芳芳不时呼应[135]着胡晓南，<u>话里话外也不断满意着自己的现状。</u>是啊，程秀蕊觉得胡晓南他们对自己无疑也是满意的，<u>他们是生活的赢家。</u>如若不然，他们为什么一定要把欢迎李博的地方选在"法兰西"呢？他们刻意[136]占据了这地方，又表现着比它高出不少，不也是，不也是时刻在意着某种输赢么。这样想着，程秀蕊就逐渐清晰地意识到，原来"法兰西"、珠宝、化妆品、"1729普洱"、真假壁炉、"恶到爆"……在她这样一个退休职工的心里都是可以忽略[137]不计的，她赶来参加今天的聚会，其实也和生活的输赢没有关系。是啊，没有关系。她就一～～～～～～～～～～～～～～～～～～～～～～～反从走进"法兰西"就开始的那么一点拿不准自～～～～～～～～～～～～～～～～～～～～～～～～～己的小心思，她从那忽隐忽现的小心思里解脱[138]～～～～～～～～～～～～～～～～～～～～～～～～～了出来，她自在了许多，身上的黑裙子是长是短～～～～～～～～～～～～～～～～～～～～～～～～便更是无所谓了。～～～～～～～～

> 程秀蕊从他们的谈话中听出来什么？

> 她为什么觉得裙子的长短无所谓了？

135　呼应（hūyìng）：这里指配合别人的话来说。
136　刻意：用上全部的心思。特意，故意。
137　忽略（hūlüè）：不在意，不必计算在内。
138　解脱：解放，摆脱，从困境中走出来。

胡晓南接了一个电话,顿时"法兰西"里漾[139]起一阵略微压抑着的小喧哗[140],是李博到了——已经在电梯上。大家都站起来走向门口,程秀蕊也站了起来。她没有跟随众人往门口走,她不能把握自己会不会一下子认出那个30多年没见过面的李博。<u>她本能[141]地向后退了一小步,珍藏在心中30多年的那个风度的瞬间突然就模糊了起来。</u>

这时,门开了。

> 画线的句子是什么意思?

赏析:

"风度"是一个非常抽象的词,小说用一个故事告诉我们它的涵义:奋力超越自己,却并不在意输赢;内心强大而自足,因而懂得欣赏差异而不再计较高低。小说把时间设定在主角出场前,我们从程秀蕊的回忆中知悉了李博的故事,又从朋友们的谈论中了解了他的星点事迹,李博还未出场,却已形象鲜明,感人至深。小说结束于李博出场的一刹那,令人遐想,余味无穷。

139　漾(yàng):一般指液体满溢出来。这里指气氛发生了波动。
140　喧哗(xuānhuá):声音大而杂乱。
141　本能:本身固有的不学就会的感觉或能力。他~地躲过了危险。

小说有两个视角：一群事业成功的中年人回望苦难的青春；农村出身的程秀蕊对城市出身的同龄人的观察。两个视角的交织使主角李博的形象更为立体。李博在艰苦的农村生活中，始终坚持自己的精神追求：无论多么劳累，都坚持看理论名著、不放弃打乒乓球的爱好；重义守诺，意志刚强。李博离开农村后取得了巨大成功，但我们知道，绝不是因为其他知青口中的"聪明"，而是由于他那种自我超越的毅力与不屑于与人比较高低的风度。

练　习

一、判断对错

1. 程秀蕊的名字显得"土"，是因为她出生于农村。　　　　（　　）
2. 他们把聚会地点定在"法兰西"，因为他们要请的客人是法国人。　　　　（　　）
3. "法兰西"是一家酒店的包间，室内陈设装潢非常法国化。（　　）
4. 所有出席聚会的客人都当过知青。　　　　　　　　　　（　　）
5. 参加聚会的人现在都已经老了。　　　　　　　　　　　（　　）
6. 参加聚会的人现在都过得很好。　　　　　　　　　　　（　　）
7. 除了程秀蕊，他们的衣着都很随便。　　　　　　　　　（　　）
8. 因为裙子长短不合适，程秀蕊为自己的衣着感到不安。　（　　）
9. 李博是他们当中年纪最小的。　　　　　　　　　　　　（　　）
10. 他们已经有三十多年没见面了。　　　　　　　　　　（　　）
11. 当年程秀蕊的父亲是村里的生产队长。　　　　　　　（　　）

12. 当年他们下乡时都住在程秀蕊家里。（　　）

13. 乡亲们很同情这些下乡的知青。（　　）

14. 程秀蕊一家经常照顾知青们的生活。（　　）

15. 知青们吸引着程秀蕊，因为他们从城里来，什么都知道。（　　）

16. 知青们在艰苦的劳动之外，坚持读书。（　　）

17. 李博爱读的书和其他知青的不一样。（　　）

18. 李博的出身不好，但程秀蕊一家并没有嫌弃他，反而同情他。（　　）

19. 因为劳动强度不够，李博打乒乓球锻炼身体。（　　）

20. 李博经常和其他知青打乒乓球。（　　）

21. 李博毫不犹豫地跳进猪圈里捡乒乓球，因为对他来说乒乓球很宝贵。（　　）

22. 程秀蕊在她父亲打她母亲时因为害怕而躲了起来。（　　）

23. 知青们想报答程秀蕊一家，所以去邻村偷粪运到他们家。（　　）

24. 他们偷粪之前程秀蕊一家并不知道。（　　）

25. 李博、胡晓南和宋大刚一起去偷粪和运粪。（　　）

26. 这个任务比他们预想的艰巨得多。（　　）

27. 在回来的路上，宋大刚情绪失控了，后来是李博一个人完成的。（　　）

28. 偷粪的那天晚上，他们走了30多公里路。（　　）

29. 因为偷粪，李博他们一晚上没睡觉。（　　）

30. 李博在当天下午还有一场乒乓球比赛。（　　）

31. 程秀蕊帮李博推迟了比赛。（　　）

32. 程秀蕊的娘动手术了，所以她没有观看比赛。（　　）

33. 吴端的服装和球拍都比李博的好。（   ）

34. 程秀蕊从村民处得知了比赛的结果。（   ）

35. 比赛的结果是李博赢了。（   ）

36. 程秀蕊对李博和吴端都感到敬佩。（   ）

37. 那种"风度"是程秀蕊一生追寻的，但在后来的人生中再也没有遇到过。（   ）

38. 在程秀蕊的眼中，李博和其他的知青不一样。（   ）

39. 胡晓南他们把聚会地点选在法兰西，是想和他比一比生活上的成功。（   ）

40. 李博要进来的时候，程秀蕊有点害怕了，她害怕三十多年后的李博会失去那种风度。（   ）

二、把每组中意思相近的两个词语圈出来

1. 繁琐　啰唆　憔悴
2. 遗憾　格调　风度
3. 推崇　迟疑　犹豫
4. 安详　褴褛　破烂
5. 愚昧　怜恤　野蛮
6. 眼巴巴　迫不及待　坦率
7. 腼腆　真挚　羞涩
8. 撺掇　鼓吹　煽动
9. 一应俱全　兼而有之　应有尽有
10. 忧伤　惆怅　猥琐
11. 趔趄　颠簸　蹒跚

12. 秉性　本能　眘晃
13. 喧哗　静谧　吵闹
14. 激愤　亢奋　怒吼
15. 撒泼　诅咒　破口大骂

三、解释课文中画 ~~~ 的部分

四、思考与讨论

（一）关于小说的内容

1. 胡晓南他们为什么把聚会地点选在法兰西？
2. 为什么程秀蕊刚到包间时感到自己的裙子不合适，而后来又不在乎裙子了？
3. 从小说中，我们得知李博是个什么样的人？程秀蕊是怎么评价李博的？
4. 程秀蕊为什么认为李博和吴端是"不凡的少年"？
5. 小说中出现的几个人物，你觉得哪些人是一样的？哪些人不一样？
6. 为什么李博快要进门的时候，她没有迎上去，反而后退了一小步？
7. 怎么理解"风度"的内涵？作者认为怎样才是有风度的？
8. 胡晓南他们总想和李博比一比生活上的成功。你觉得李博想和他们比吗？

（二）关于小说的艺术

1. 故事的主角是谁？他在场吗？

2. 故事的叙述者是谁？这个人除了讲述故事，还有什么作用？

3. 故事这样结尾，你觉得好不好？为什么？

五、概述故事，400～600字

六、续写这篇小说，600字以上

第十课　清水洗尘

迟子建[1]

【课前热身】

1. 在你们国家，人们一般会怎样庆祝新年？
2. 你知道在中国过年一般要做哪些事情吗？
3. 面对资源缺乏的情况，人们一般会怎样应对？
4. 回忆一下，你的十三四岁是怎么过的？那时的你有什么特点？

> 从画线的句子看，天灶喜欢年关洗澡吗？

<u>天灶觉得人在年关洗澡跟给死猪煺[2]毛一样没什么区别</u>。猪被刮下粗粝[3]的毛后显露出又白又嫩的皮，而人搓下满身的尘垢后也显得又白又嫩。不同的是猪被分割后成为了人口中的美餐。

礼镇的人把腊月[4]二十七定为放水的日子。所

---

[1] 迟子建（1964— ）：女，中国当代具有广泛影响力的作家之一。三次获得中国短篇小说最高奖"鲁迅文学奖"，是目前获该奖项次数最多的作家；一次获得中国长篇小说最高奖"茅盾文学奖"；散文两次获得中国散文最高奖"冰心散文奖"。多篇作品入选大中小学语文课本。《清水洗尘》曾获第二届鲁迅文学奖。

[2] 煺（tuì）：用烧开的水给已杀死的动物去掉毛，以便食用。

[3] 粗粝（lì）：粗糙。

[4] 腊月：中国农历的十二月。春节在正月（农历一月）。

谓"放水",就是洗澡。而郑家则把放水时烧水和倒水的活儿分配给了天灶。天灶从八岁起就开始承担这个义务,一做就是五年了。

> 每年腊月二十七天灶要做什么事?

> 天灶现在多大了?

这里的人们每年只洗一回澡,就是在腊月二十七的这天。<u>虽然平时妇女和爱洁的小女孩也断不了</u>[5]洗洗刷刷,但只不过是小打小闹地洗。譬如[6]妇女在夏季从田间归来路过水泡子[7]时洗洗脚和腿,而小女孩在洗头发后就着水洗洗脖子和腋窝[8]。所以盛夏[9]时许多光着脊梁[10]的小男孩的脖子和肚皮都黑黢黢[11]的,好像那上面匍匐[12]着黑蝙蝠[13]。

天灶住的屋子被当成了浴室。火墙烧得很热,屋子里的窗帘早早就拉上了。天灶家洗澡的次序

> 他们家的"浴室"在哪儿?

5　断不了:不间断地。
6　譬(pì)如:比如。
7　水泡子:东北方言,指不和外界的水流连接的死水,一般是雨水淤积形成,不大,也不深。
8　腋窝(yèwō):上臂与身体的交界处,腋下,胳肢窝。
9　盛夏:夏天最热的时候。
10　脊梁:脊背。这里指光着上身。
11　黢黢(qū):形容很黑的样子。
12　匍匐(púfú):这里指趴。
13　蝙蝠(biānfú):一种会飞的哺乳动物,长得像有翅膀的老鼠,夜间活动。

是由长至幼，老人、父母、最后才是孩子。爷爷未过世时，他是第一个洗澡的人。他洗得飞快，一刻钟就完了，澡盆里的水也不脏，于是天灶便就着那水草草地[14]洗一通。每个人洗澡时都把门关紧，门帘也落下来。天灶洗澡时母亲总要在外面敲着门说："天灶，妈帮你搓搓背吧？"

"不用！"天灶像条鱼一样蜷[15]在水里说。

"你一个人洗不干净！"母亲又说。

"怎么洗不干净。"天灶便用手指撩水，使之发出哗啦哗啦的声响，仿佛在告诉母亲他洗得很卖力。

"你不用害臊[16]。"母亲在门外笑着说，"你就是妈妈生出来的，还怕妈妈看吗？"

天灶便在澡盆中下意识[17]地夹紧了双腿，他红头涨脸地嚷，"你老[18]说什么？不用你洗就是不用你洗！"

> 按照天灶家洗澡的顺序，天灶应该第几个洗澡？

> 天灶为什么拒绝母亲为他搓背？

14　草草地：随便地应付一下。
15　蜷（quán）：身体弯曲。~伏｜~卧｜~缩｜~作一团。
16　害臊（hài sào）：怕羞，难为情，不好意思。
17　下意识：本能的，无意识，不自觉。
18　老：一直，不停地。

第十课　清水洗尘

　　天灶从未拥有过一盆真正的清水来洗澡。因为他要蹲在灶台前烧水，每个人洗完后的脏水还要由他一桶桶地提出去倒掉，所以他只能见缝插针[19]地就着家人用过的水洗。那种感觉一点也不舒服，纯粹是在应付[20]。而且不管别人洗过的水有多干净，他总是觉得很浊[21]，进了澡盆泡上个十几分钟，随便搓搓就出来了。他也不喜欢父母把他的住屋当成浴室，弄得屋子里空气湿浊，电灯泡上爬满了水珠，他晚上睡觉时感觉是睡在猪圈里。所以今年一过完小年[22]，他就对母亲说："今年洗澡该在天云的屋子里了。"

> 天灶为什么不喜欢这一天？

　　天云当时正在叠纸花，她气得一梗[23]脖子说，"为什么要在我的屋子？"

19　见缝插针（jiànfèng-chāzhēn）：比喻善于利用一切可供利用的时间和空间。也比喻利用一切时机。
20　应付（yìngfu）：将就，凑合，勉强完成。
21　浊（zhuó）：水不清，不干净。浑~｜污~。
22　小年：中国庆祝传统的春节一般从腊月二十三持续到正月十五，大约三周的时间。历经小年（农历腊月二十三）、大年（农历腊月三十，除夕）、新年（农历正月初一）直到元宵节（农历正月十五）。小年标志着开始过年。小年在中国各地有不同的概念和日期，北方地区是腊月二十三，南方地区是腊月二十四，从这天开始，人们开始准备年货、打扫房间、洗净身体等来迎接新年。
23　梗（gěng）：直起。

"那为什么年年都非要在我的屋子？"天灶同样气得一梗脖子说。

"你是男孩子！"天云说，"不能弄脏女孩子的屋子！"天云振振有词[24]地说，"而且你比我大好几岁，是哥哥，你还不让着我！"

天灶便不再理论[25]，不过兀自[26]嘟囔了一句，"我讨厌过年！年有个什么过头！"

> 全家人的笑说明了什么？

家人便纷纷笑起来。自从爷爷过世后，奶奶在家中很少笑过，哪怕有些话使全家人笑得像开了的水直沸腾[27]，她也无动于衷[28]，大家都以为她耳朵背[29]了。岂料[30]她听了天灶的话后也使劲地笑了起来，笑得痰[31]直上涌，一阵咳嗽[32]，把假牙都喷出口来了。

24　振振有词：认为自己很有道理，说个没完。
25　理论：说理，争论。
26　兀（wù）自：仍然，还是。
27　沸腾（fèiténg）：水等液体加热到一定温度后产生剧烈的水泡。
28　无动于衷（zhōng）：一点也不动心，不为感情所动。
29　（耳）背：老年人耳朵听不见、听不清。
30　岂料：哪里预料到，没想到。
31　痰（tán）：支气管等处分泌出来的黏液。
32　咳嗽（késou）：把空气从肺内驱逐出来，喉部发出爆破的杂音。

第十课　清水洗尘

天灶确实不喜欢过年。首先不喜欢过年的那些规矩，焚纸祭祖[33]，磕头拜年，十字路口的白雪被烧纸的人家弄得像一摊摊狗屎一样脏，年仿佛被鬼气笼罩了。其次他不喜欢忙年的过程，人人都累得腰酸背痛，怨声连天。拆被、刷墙、糊灯笼、做新衣、蒸年糕等等，种种的活儿把大人孩子都牵制[34]得像刺猬[35]一样团团转。而且不光要给屋子扫尘，人最后还得为自己洗尘，一家老少在腊月二十七的这天因为卖力地搓洗掉一年的风尘而个个都显得面目浮肿[36]，总是使他联想到屠夫用铁刷嚓嚓[37]地给死猪煺毛的情景，内心有种隐隐的恶心。最后，他不喜欢过年时所有人都穿扮一新，新衣裳使人们显得古板[38]可笑、拘谨[39]做作[40]。如果穿新衣服的人站成了一排，就很容易使天灶联想起城里布店里竖着的一匹匹僵直的

> 天灶为什么不喜欢过年？用首先……，其次……，最后……来总结。

33　祭祖：敬拜和祭奠祖先的仪式。
34　牵制：约束，控制，使不能自由。
35　刺猬（cìwei）：哺乳动物，头小，四肢短，身上有硬刺。受惊时把身体蜷成一团。
36　浮肿（fúzhǒng）：人的皮下组织水分太多体积变大。
37　嚓嚓（cā）：拟声词。
38　古板：固执守旧，不灵活。
39　拘谨（jūjǐn）：拘束谨慎；拘束而不自然。
40　做作（zuòzuo）：装腔作势；故意做出某种表情、动作、姿态等。

布。而且天灶不能容忍过年非要在半夜过，那时他又困又乏，毫无食欲，可却要强打精神起来吃团圆饺子，他烦透了。他不止一次地想若是他手中有了至高无上[41]的权力，第一项就要修改过年的时间。

奶奶第一个洗完了澡。天灶的母亲扶着颤颤巍巍的她出来了。天灶看见奶奶稀疏[42]的白发湿漉漉[43]地垂在肩头，下垂的眼袋使突兀的颧骨[44]有一种要脱落的感觉。而且她脸上的褐色老年斑被热气熏炙[45]得愈发浓重，仿佛雷雨前天空中沉浮的乌云。天灶觉得洗澡后的奶奶显得格外臃肿[46]，像只烂蘑菇[47]一样让人看不得。他不知道人老后是否都是这副样子。奶奶嘘嘘地喘着粗气经过灶房回她的屋子，她见了天灶就说："你烧的水真热

> 在天灶看来，奶奶洗完澡的样子怎么样？

41　至高无上：高到极点，上边再无高过它的。
42　稀疏（xīshū）：不稠密，数量少且彼此离得远。多形容头发、树木。~的树林 | ~的胡子 | 头发~。
43　湿漉漉：潮湿的样子。
44　颧（quán）骨：眼睛下边两腮上面突出的颜面骨。
45　熏炙（xūnzhì）：烤。
46　臃肿（yōngzhǒng）：胖，不灵活。
47　蘑菇（mógu）：真菌类植物，质地松软。

乎，洗得奶奶这个舒服，一年的乏算是全解了。你就着奶奶的水洗洗吧。"

母亲也说："奶奶一年也不出门，身上灰不大，那水还干净着呢。"

天灶并未搭话，他只是把柴禾续了续，然后提着脏水桶进了自己的屋子。湿浊的热气在屋子里像癞皮狗[48]一样东游西蹿着，电灯泡上果然浮着一层鱼卵般的水珠。天灶吃力地搬起大澡盆，把水倒进脏水桶里，然后抹了抹额上的汗，提起桶出去倒水。路过灶房的时候，他发现奶奶还没有回屋，她见天灶提着满桶的水出来了，就张大了嘴，眼睛里现出格外凄凉[49]的表情。

"你嫌奶奶——"她失神地说。

天灶什么也没说，他拉开门出去了。外面又黑又冷，他摇摇晃晃地提着水来到大门外的排水沟前。冬季时那里隆起了一个肮脏的大冰湖，许多男孩子都喜欢在冰湖上抽陀螺[50]玩，他们叫它

> 天灶用奶奶的洗澡水洗澡了吗？

> 为什么奶奶的眼睛里现出凄凉的表情？

---

48 癞（lài）皮狗：身患顽癣、毛秃皮厚的狗。
49 凄凉（qīliáng）：孤寂冷落。
50 陀螺（tuóluó）：一种儿童玩具，上大下小，在平滑的地面用鞭子打使其一直转动。

"冰嘎"[51]。他们抽得很卖力,常常是把鼻涕都抽出来了。他们不仅白天玩,晚上有时月亮明得让人在屋子里呆不住,他们便穿上厚棉袄出来抽陀螺,深冬的夜晚就不时传来"啪——啪——"的声音。

天灶看见冰湖下的雪地里有个矮矮的人影,他躬[52]着身,似乎在寻找什么,手中夹着的烟头一明一灭的。

"天灶——"那人直起身说,"出来倒水啦?"

天灶听出是前趟[53]房的同班同学肖大伟,便一边吃力地将脏水桶往冰湖上提,一边问:"你在这干什么?"

"天快黑时我抽冰嘎,把它抽飞了,怎么也找不到。"肖大伟说。

"你不打个手电,怎么能找着?"天灶说着,把脏水"哗——"地从冰湖的尖顶当头浇下。

"这股洗澡水的味儿真难闻。"肖大伟大声说,

> 天灶在外面遇到了谁?

51　冰嘎(gá):一种在冰上玩的陀螺。
52　躬(gōng):向下弯曲身体。
53　趟(tàng):量词,方言中表示行。

"肯定是你奶奶洗的!"

"是又怎么样?"天灶说,"你爷爷洗出的味儿可能还不如这好闻呢!"

肖大伟的爷爷瘫痪多年,屎尿都得要人来把⁵⁴,肖大伟的妈妈已经把一头乌发侍候⁵⁵成了白发,声言⁵⁶不想再当孝顺儿媳了,要离开肖家,肖大伟的爸爸就用肖大伟抽陀螺的皮鞭把老婆打得身上血痕纵横,弄得全礼镇的人都知道了。

> 肖大伟为什么会被激怒?

"你今年就着谁的水洗澡?"肖大伟果然被激怒了,他挑衅⁵⁷地说,"我家年年都是我头一个洗,每回都是自己用一盆清水!"

"我自己也用一盆清水!"天灶理直气壮⁵⁸地说。

"别吹牛了!"肖大伟说,"你家年年放水时都得你烧水,你总是就着别人的脏水洗,谁不知道呢?"

---

54 把(bǎ):帮助无能力的人大小便。~尿。
55 侍候(shìhòu):待在身边照顾日常生活的各方面。~老人|~病人。
56 声言:用语言或文字公开表示。
57 挑衅(tiǎoxìn):故意引起争斗的语言或行为。
58 理直气壮:理由充分,言行因而有气势。

"我告诉你爸爸你抽烟了！"天灶不知该如何还击了。

"我用烟头的亮儿找冰嘎，又不是学坏，你就是告诉他也没用！"

天灶只有万分恼火[59]地提着脏水桶往回走，走了很远的时候，他又回头冲肖大伟喊道："今年我用清水洗！"

天灶说完抬头望了一下天，觉得那道通的银河"刷"地亮了一层，仿佛是清冽[60]的河水要倾盆而下，为他除去积郁[61]在心头的怨愤。

奶奶的屋子传来了哭声，那苍老的哭声就像山洞的滴水声一样滞浊[62]。

天灶拉开锅盖，一舀舀地把热水往大澡盆里倾倒。这时天灶的父亲过来了，他说："看你，把奶奶惹[63]伤心了。"

> 天灶的心情为什么不好？

59　恼火：生气发火。
60　清冽（liè）：清澈而寒冷。
61　积郁（yù）：指情绪长期积累却发不出来。
62　滞浊（zhìzhuó）：声音低沉而迟缓。
63　惹（rě）：招引。本来无事却用言语、行为引出了不好的事情。~哭 | ~怒。

天灶没说什么,他往热水里又对⁶⁴了一些凉水。他用手指试了试水温,觉得若是父亲洗恰到好处⁶⁵,他喜欢凉一些的;若是天云或者母亲洗就得再加些热水。

"该谁了?"天灶问。

"我去洗吧。"父亲说,"你妈妈得陪奶奶一会儿。"

> 第二个洗澡的应该是谁?

这时天云忽然从她的房间冲了出来,她只穿件蓝花背心,露出两条浑圆的胳膊,披散着头发,像个小海妖。她眼睛亮亮地说:"我去洗!"父亲说:"我洗得快。"

"我把辫子都解开了。"天云左右摇晃着脑袋,那发丝就像鸽子的翅膀一样起伏着,她颇为认真地对父亲说,"以后我得在你前面洗,你要是先洗了,我再用你用过的澡盆,万一怀上个孩子怎么办?算谁的?"

父亲笑得把一口痰给喷了出来,而天灶则笑

---

64 对:把一种液体混合到另一种液体中。~水。
65 恰到好处:正好。

得撇[66]下了水瓢。天云嘟[67]着丰满[68]的小嘴,脸红得像炉膛里的火。

"谁告诉你用了爸爸洗过澡的盆,就会怀小孩子?"父亲依然"嗬嗬"地笑着问。

"别人告诉我的,你就别问了。"

> 实际上第二个洗澡的人是谁?为什么?

天云开始指手画脚[69]地吩咐天灶,"我要先洗头,给我舀上一脸盆的温水,我还要用妈妈使的那种带香味的蓝色洗头膏!"

> 为什么天灶变得乐意为妹妹服务了?

天云无忌的话已使天灶先前沉闷的心情为之一朗,因而他很乐意地为妹妹服务。他拿来脸盆,刚要往里舀水,天云跺了一下脚一迭声地说:"不行不行!这么埋汰[70]的盆,要给我刷干净了才能洗头!"

"挺干净的嘛。"父亲打趣天云。

"你们看看呀?盆沿儿那一圈油泥,跟蛇寡妇的大黑眼圈一样明显,还说干净呢!"天云梗

---

66 撇(piē):丢开,放在一边不管。~开。
67 嘟(dū):嘴唇向前呈O型。
68 丰满:胖得适度好看。
69 指手画脚:说话时用手比画,形容对别人指指点点。
70 埋汰(máitai):方言,脏,不干净。

着脖子一脸不屑[71]地说。

蛇寡妇姓程，只因她喜欢跟镇子里的男人眉来眼去[72]的，女人背地说她是毒蛇变的，久而久之就把她叫成了蛇寡妇。蛇寡妇没有子嗣[73]，自在得很，每日都起得很迟，眼圈总是青着，让人不明白她把觉都睡到哪里了。她走路时习惯用手捶着腰。她喜欢镇子里的小女孩，女孩们常到蛇寡妇家翻腾她的箱底，把她年轻时用过的一些头饰都用甜言蜜语[74]泡走了。

"我明白了——"天云的父亲说，"是蛇寡妇跟你说怀小孩子的事，这个骚[75]婆子！"

"你怎么张口就骂人呢？"天云说，"真是！"

天灶打算用肥皂除掉污垢[76]，可天云说用碱面更合适，天灶只好去碗柜中取碱面。他不由对妹妹说："洗个头还这么啰唆[77]，不就几根黄毛吗？"

> 蛇寡妇为什么叫这个名字？

> 天云关于怀孩子的话是从哪里听来的？

---

71 不屑（xiè）：轻视，看不起。
72 眉来眼去：以眼神等表情传递感情。
73 子嗣（sì）：儿子。这里泛指后代。
74 甜言蜜语：为达到自己的目的而说好听的话。
75 骚（sāo）：举止轻佻，作风下流。
76 污垢（wūgòu）：身上或物体上积累的脏东西。
77 啰唆（luōsuo）：琐碎，麻烦。

天云顺手抓起几粒黄豆朝天灶撒去，说："你才是黄毛呢。"又说："每年只过一回年，我不把头洗得清清亮亮的，怎么扎新的头绫子[78]？"

他们在灶房斗嘴嘻笑的时候，哭声仍然微风般地从奶奶的屋里传出。

天云说："奶奶哭什么？"

父亲看了一眼天灶，说："都是你哥哥，不用奶奶的洗澡水，惹她伤心了。这个年她恐怕不会有好心情了。"

"那她还会给我压岁钱么？"天云说，"要是没有了压岁钱，我就把天灶的课本全撕[79]了，让他做不成寒假作业，开学时老师训[80]他！"

> 为什么天灶惹天云不开心了，她就会对哥哥直呼其名？

天云与天灶一团和气[81]时称他为"哥哥"，而天灶稍有一点使她不开心了，她就直呼[82]其名。

天灶刷干净了脸盆，他说："你敢把我的课本

---

78 头绫（líng）子：女孩子扎头发用的绸子，可以扎成蝴蝶结等。
79 撕（sī）：用手把东西扯裂。~开｜~破｜~碎｜~扯。
80 训（xùn）：教导，斥责。
81 一团和气：原指待人和气，这里是指两人友好相处的样子。
82 呼：称呼，叫。

撕了，我就敢把你的新头绫子铰[83]碎了，让你没法扎黄毛小辫！"

天云咬牙切齿[84]地说："你敢！"

天灶一边往脸盆哗哗地舀水，一边说："你看我敢不敢？"

天云只能半是撒娇半是委屈地噙[85]着泪花对父亲说："爸爸呀，你看看天灶——"

"他敢！"父亲举起了一只巴掌，在天灶面前比划了一下，说："到时我揍[86]出他的屁来！"

天灶把脸盆和澡盆一一搬进自己的小屋。天云又声称自己要冲两遍头，让天灶再准备两盆清水。她又嫌窗帘拉得不严实，别人要是看见了怎么办？天灶只好把窗帘拉得更加密不透光，又像仆人一样恭恭敬敬[87]地为她送上毛巾、木梳、拖鞋、洗头膏和香皂。天云这才像个女皇一样款

---

83 铰（jiǎo）：用剪刀剪。
84 咬牙切齿（yǎoyá-qièchǐ）：形容恨到极点。
85 噙（qín）：含在里面。～一口水｜眼里～着泪。
86 揍（zòu）：打。
87 恭恭敬敬：对尊长贵宾极为谦恭而有礼的样子。

款[88]走进浴室，她闩[89]上了门。隔了大约三分钟，从里面便传出了撩水的声音。

> 天云洗过澡的水会被用来做什么？

父亲到仓棚里去找那对塑料红色宫灯去了，它们被闲置了一年，肯定灰尘累累，家人都喜欢用天云洗过澡的水来擦拭宫灯，好像天云与鲜艳和光明有着密不可分的联系似的。

天灶把锅里的水填满，然后又续了一捧柴禾，就悄悄离开灶台去奶奶的屋门前偷听她絮叨些什么。

奶奶边哭边说:"当年全村的人数我最干净，谁不知道哇？我要是进了河里洗澡，鱼都躲得远远的，鱼天天呆在水里，它们都知道身上没有我白，没有我干净……"

> 天灶为什么偷偷乐？

天灶忍不住捂着嘴偷偷乐了。

母亲顺水推舟[90]地说:"天灶这孩子不懂事，妈别跟他一般见识。妈的干净咱礼镇的人谁不知

88　款款（kuǎn）：走路慢慢地。
89　闩（shuān）：用门闩把门插上。
90　顺水推舟：顺着水流的方向推船，使行进得快。比喻处理事情根据外部环境，使事情进展顺利。

道？妈下的大酱左邻右舍的人都爱来要着吃，除了味儿跟别人家的不一样外，还不是因为干净？"

奶奶微妙地笑了一声，然后依然带着哭腔说："我的头发从来没有生过虱子[91]，胳肢窝[92]也没有臭味。我的脚趾盖里也不藏泥，我洗过澡的水，都能用来养牡丹花！"

奶奶的这个推理未免太大胆了些，所以母亲也忍不住"扑哧"一声乐了。天灶更是忍俊不禁[93]，连忙疾步跑回灶台前，蹲下来对着熊熊[94]的火焰哈哈地笑起来。这时父亲带着一身寒气提着两盏陈旧的宫灯进来了，他弄得满面灰尘，而且冻出了两截与年龄不相称的青鼻涕，这使他看上去像个捡破烂儿的。他见天灶笑，就问："你偷着乐什么？"

> 大家听了奶奶的话为什么都乐了？

天灶便把听到的话小声地学给父亲。

父亲放下宫灯笑了，"这个老小孩！"

---

91 虱子（shīzi）：寄生在温血动物体上的各种无翅且通常扁平的小昆虫，浅黄或灰白、灰黑色，头小，腹大。吸食血液，能传染疾病。
92 胳肢窝（gāzhiwō）：腋窝。
93 忍俊不禁（rěnjùn-bùjīn）：忍不住要笑出声。
94 熊熊：形容火很大很旺的样子。

锅里的水被火焰煎熬[95]得吱吱直响,好像锅灶是炎夏,而锅里闷着一群知了[96],它们在不停地叫嚷"热死了,热死了"。火焰把大灶烤得脸颊发烫,他就跑到灶房的窗前,将脸颊贴在蒙有白霜的玻璃上。天灶先是觉得一股寒冷像针一样深深地刺痛了他,接着就觉得半面脸发麻,当他挪开脸颊时,一块半月形的玻璃本色就赫然[97]显露出来。天灶擦了擦湿漉漉的脸颊,透过那块霜雪消尽的玻璃朝外面望去。院子里黑魆魆[98]的,什么都无法看清,只有天上的星星才现出微弱的光芒。天灶叹了一口气,很失落地收回目光,转身去看灶坑里的火。他刚蹲下身,灶房的门突然开了,一股寒气背后站着一个穿绿色软缎棉袄的女人,她黑着眼圈大声地问天灶:

"放水哪?"

天灶见是蛇寡妇,就有些爱理不睬[99]地"哼"

> 天灶及家人见到蛇寡妇的态度怎么样?

---

95 煎熬(jiān'áo):把东西放在水里煮,比喻受折磨。
96 知了(zhīliǎo):蝉的俗称,是一种夏天鸣叫的昆虫,靠吸食树木的汁液为生。
97 赫(hè)然:醒目,明显。
98 黑魆魆(xū):形容黑暗无光的样子。
99 爱理不睬:不想理睬,不想搭理。

了一声。

"你爸呢？"蛇寡妇把双手从袄袖中抽出来，顺手把一缕鼻涕撸下来抹在自己的鞋帮上，这让天灶很作呕[100]。

天灶的爸爸已经闻声过来了。

蛇寡妇说："大哥，帮我个忙吧。你看我把洗澡水都烧好了，可是澡盆坏了，倒上水哗哗直漏[101]。"

> 蛇寡妇为什么突然来到他家？

"澡盆怎么漏了？"父亲问。

"还不是秋天时收饭豆，把豆子晒干了放在大澡盆里去皮，那皮又干又脆，把手都扒出血痕了，我就用一根松木棒去捶豆子，没成想把盆给捶漏了，当时也不知道。"

> 蛇寡妇的澡盆是怎么坏的？

天灶的妈妈也过来了，她见了蛇寡妇很意外地"哦"了一声，然后淡淡打声招呼："来了啊？"

蛇寡妇也淡淡地应了一声，然后从袖口抽出一根桃红色的缎子头绳："给天云的！"

> 蛇寡妇带了什么来？

天灶见父母都不接那头绳，自己也不好去

---

100 作呕（ǒu）：感到恶心，想吐。
101 漏（lòu）：物体由孔或缝透过。壶里的水~光了 | ~风。

接。蛇寡妇就把头绳放在水缸盖上,使那口水缸看上去就像是陪嫁[102],喜气洋洋[103]的。

"天云呢?"蛇寡妇问。

"正洗着呢。"母亲说。

"你家有没有锡[104]?"父亲问。

未等蛇寡妇作答,天灶的母亲警觉[105]地问:"要锡干什么?"

"我家的澡盆漏了,求天灶他爸给补补。"蛇寡妇先回答女主人的话,然后才对男主人说:"没锡。"

"那就没法补了。"父亲顺水推舟地说。

"随便用脸盆洗洗吧。"天灶的母亲说。

蛇寡妇睁大了眼睛,一抖肩膀说:"那可不行,一年才过一回年,不能将就。"她的话与天云的如出一辙[106]。

"没锡我也没办法。"天云的父亲皱了皱眉头,

> 天灶的父亲想帮忙吗?

---

102 陪嫁:女子出嫁时娘家送的财物。
103 喜气洋洋:形容欢乐的样子。
104 锡(xī):一种金属元素,银白色,质软,富延展性。~矿 | ~纸。
105 警觉(jǐngjué):敏锐地感觉到危险或情况的变化。
106 如出一辙(zhé):像同一辆车轧出的痕迹。比喻非常相像。

然后说:"要不用油毡纸试试吧。你回家撕一块油毡纸,把它用火点着,将滴下来的油弄在漏水的地方,抹均匀了,凉透后也许就能把漏的地方弥[107]住。"

"还是你帮我弄吧。"蛇寡妇在男人面前永远是一副天真表情,"我听都听不明白。"

> 蛇寡妇对父亲提出了什么请求?

天灶的父亲看了一眼自己的女人,其实他也用不着看,因为不管她脸上是赞同还是反对,她的心里肯定是一万个不乐意。但当大家把目光集中到她身上,需要她做出决断时,她还是故作大度[108]地说:"那你就去吧。"

> 天灶的母亲愿意父亲去吗?

蛇寡妇说了声"谢了",然后就抄起袖子,走在头里。天灶的父亲只能紧随其后,他关上家门前回头看了一眼老婆,得到的是一个不折不扣[109]的白眼和她随之吐出的一口痰,那道白眼和痰组成了一个醒目的惊叹号,使天灶的父亲在迈

---

107 弥(mí):补。
108 故作大度:故意做出很大方的样子。
109 不折不扣:一点不打折扣,表示完全的、十足的。

> 天灶的父亲为什么"迈出门槛后战战兢兢的"？

> 为什么母亲要怪天云？

出门槛后战战兢兢[110]的，他在寒风中行走的时候一再提醒自己要快去快回，绝不能喝蛇寡妇的茶，也不能抽她的烟，他要在唇间指畔纯洁地葆[111]有他离开家门时的气息。

"天云真够讨厌的。"蛇寡妇一走，母亲就开始心烦意乱了，她拿着面盆去发面，却忘了放酵母[112]，"都是她把蛇寡妇招来的。"

"谁叫你让爸爸去的。"天灶故意刺激母亲，"没准她会炒俩菜和爸爸喝一盅[113]！"

"他敢！"母亲厉声说，"那样他回来我就不帮他搓背了！"

"他自己也能搓，他都这么大的人了，你还年年帮他搓背。"天灶"咦"了一声，母亲的脸便刷地红了，她抢白[114]了天灶一句："好好烧你的水吧，大人的事不要多嘴。"

天灶便不多嘴了，但灶坑里的炉火是多嘴

110　战战兢兢（zhànzhànjīngjīng）：小心谨慎的样子。
111　葆：保持。永～青春。
112　酵母（jiàomǔ）：一种能引起发酵的真菌。
113　盅（zhōng）：没有把手的小杯子，这里指酒杯。
114　抢白：当面责备、训斥、讽刺与挖苦。

的，它们用金黄色的小舌头贪馋地舔着乌黑的锅底，把锅里的水吵得嗞嗞直叫。炉火的映照和水蒸气的熏炙使天灶有种昏昏欲睡[115]的感觉。他不由蹲在锅灶前打起了盹[116]。然而没有多一会儿，天云便用一只湿手把他搡[117]醒了。天灶睁眼一看，天云已经洗完了澡，她脸蛋通红，头发湿漉漉地披散着，穿上了新的线衣线裤，一股香气从她身上横溢[118]而出，她叫道："我洗完了！"

天灶揉了一下眼睛，恹恹[119]无力地说："洗完了就完了呗，神气[120]什么。"

"你就着我的水洗吧。"天云说。

"我才不呢。"天灶说，"你跟条大臭鱼一样，你用过的水有邪味儿！"

> 天灶和天云又因为什么吵起嘴来？

天灶的母亲刚好把发好的面团放到热炕上转身出来，天云就带着哭腔对母亲说，"妈妈呀，

---

115 昏昏欲睡：昏昏然只想睡觉。形容疲倦或精神萎靡的样子。
116 盹（dǔn）：小睡。
117 搡（sǎng）：用力推人。
118 横溢（héngyì）：发大水，这里形容香气到处都是。
119 恹恹（yānyān）：没有精神的样子。
120 神气：骄傲或得意的样子。

你看天灶呀，他说我是条大臭鱼！"

"他再敢说我就缝他的嘴！"母亲说着，示威性地做了个挑针的动作。

天灶知道父母在他与天云斗嘴时，永远会偏袒[121]天云，他已习以为常[122]，所以并不气恼，而是提着两盏灯笼进"浴室"除灰，这时他听见天云在灶房惊喜地叫道："水缸盖上的头绫子是给我的吧？真漂亮呀！"

> 天云因为什么高兴起来了？

那对灯笼是硬塑的，由于用了好些年，塑料有些老化萎缩，使它们看上去并不圆圆满满。而且它的红颜色显旧，中圈被光密集照射的地方已经泛白，看不出任何喜气了。所以点灯笼时要在里面安上两个红灯泡，否则它们可能泛出的是与除夕气氛相悖[123]的青白的光。天灶一边刷灯笼一边想着有关过年的繁文缛节[124]，便不免有些气恼，他不由大声对自己说："过年有个什么意思！"回

> 天灶是如何处理天云的洗澡水的？

121　偏袒（piāntǎn）：偏向，不公正地支持一方。
122　习以为常：习惯了。
123　相悖（bèi）：相反，不协调。
124　繁文缛节（fánwén-rùjié）：烦琐而多余的礼节。

答他的是扑面而来的洋溢在屋里的湿浊的气息，于是他恼上加恼，又大声对自己说："我要把年挪¹²⁵到六月份，人人都可以去河里洗澡！"

天灶刷完了灯笼，然后把脏水一桶桶地提到外面倒掉。冰湖那儿已经没有肖大伟的影子了，不知他的"冰嘎"是否找到了。夜色已深，星星因黑暗的加剧而显得气息奄奄¹²⁶，微弱的光芒宛如一个人在弥留¹²⁷之际细若游丝的气息。天灶望了一眼天，便不想再看了。因为<u>他觉得这些星星被强大的黑暗给欺负得噤若寒蝉¹²⁸</u>，一派凄凉，无边的寒冷也催促他尽快走回户内。

父亲还没有回来，母亲脸上的神色就有些焦虑。该轮到她洗澡了，天灶为她冲洗干净了澡盆，然后将热水倾倒进去。母亲木讷¹²⁹地看着澡盆上的微微旋起的热气，好像在无奈地等待一条美人鱼突然从中跳出来。

🗨 母亲为什么焦虑？

125　挪（nuó）：移动。～动｜～用。
126　奄奄（yānyān）：呼吸微弱的样子。
127　弥留：病重将死的时候。
128　噤若寒蝉（jìnruòhánchán）：冬天的蝉，一声不响。比喻有所顾忌，不敢出声。
129　木讷（nè）：这里形容反应慢，不灵敏的样子。

天灶提醒她:"妈妈,水都好了!"

母亲"哦"了一声,叹了口气说,"你爸爸怎么还不回来?要不你去蛇寡妇家看看?"

天灶故作糊涂地说:"我不去,爸爸是个大人又丢不了,再说我还得烧水呢,要去你去。"

> 妈妈为什么说起了年轻时候谈恋爱的事?

"我才不去呢。"母亲说,"蛇寡妇没什么了不起。"说完,她仿佛陡然恢复了自信。提高声调说:"当初我跟你爸爸好的时候,有个老师追我,我都没答应,就一门心思[130]地看上你爸爸了,他不就是个泥瓦匠嘛。"

"谁让你不跟那个老师呢?"天灶激将[131]母亲,"那样的话我在家里上学就行了。"

"要是我跟了那老师,就不会有你了!"母亲终于抑制不住地笑了,"我得洗澡了,一会儿水该凉了。"

天云在自己的小屋里一身清爽地摆弄新衣裳,天灶听见她在唱:"小狗狗伸出小舌头,够我

130　一门心思:一心一意,专心专意。
131　激将(jījiàng):用语言刺激人,使人决心去做某事。

手里的小画书。小画书上也有个小狗狗，它趴在太阳底下睡觉觉。"

天云喜欢自己编儿歌，高兴时那儿歌的内容一派温情，生气时则充满火药味。比如有一回她用鸡毛掸子[132]拂[133]掉了一只花瓶，把它摔碎了，母亲说了她，她不服气，回到自己的屋子就编儿歌："鸡毛掸是个大灰狼，花瓶是个小羊羔。我饿了三天三夜没吃饭，见了你怎么能放过！"言下之意，花瓶这个小羊羔是该吃的，谁让它自己不会长脚跑掉呢。家人听了都笑，觉得真不该用一只花瓶来让她受委屈。于是就说："那花瓶也是该打，都旧成那样了，留着也没人看！"天云便破涕为笑[134]了。

> 天云的性格是什么样的？

天灶又往锅里填满了水，他将火炭拨了拨，拨起一片金黄色的火星像蒲公英[135]一样地飞，然后他放进两块比较粗的松木杆。这时奶奶蹒跚地

132　掸子（dǎnzi）：一种用来除去器物上灰尘的工具。
133　拂（fú）：轻轻擦过。
134　破涕（tì）为笑：止住眼泪，露出笑容。形容转悲为喜。
135　蒲公英（púgōngyīng）：草本植物，果实上带白色软毛，可顺风飘散。

从屋里出来了,她的湿头发已经干了,但仍然是垂在肩头,没有盘起来,这使她看上去很难看。奶奶体态臃肿,眼袋松松垂着,平日它们像两颗青葡萄,而今日因为哭过的缘故,眼袋就像一对红色的灯笼花,那些老年斑则像陈年落叶一样匍匐在脸上。天灶想告诉奶奶,只有又黑又密的头发才适合披着,斑白稀少的头发若是长短不一地披下来,就会给人一种白痴的感觉。可他不想再惹奶奶伤心了,所以马上垂下头来烧水。

"天灶——"奶奶带着悲愤的腔调说,"你就那么嫌弃我?我用过的水你把它泼了,我站在你跟前你都不多看一眼?"

天灶没有搭腔[136],也没有抬头。

"你是不想让奶奶过这个年了?"奶奶的声音越来越悲凉了。

"没有。"天灶说,"我只想用清水洗澡,不用别人用过的水。天云的我也没用。"天灶垂头说着。

"天云的水是用来刷灯笼的!"奶奶很孩子

136　搭腔(qiāng):答话。

气地分辩说。

"一会儿妈妈用过的水我也不用。"天灶强调说。

"那你爸爸的呢?"奶奶不依不饶[137]地问。

"不用!"天灶斩钉截铁[138]地说。

奶奶这才有些和颜悦色[139]地说:"天灶啊,人都有老的时候,别看你现在是个孩子,细皮嫩肉的,早晚有一天会跟奶奶一样皮松肉散,你说是不是?"

天灶为了让奶奶快些离开,所以抬头看了一眼她,干脆地答道:"是!"

"我像你这么大时,比你水灵着呢。"奶奶说,"就跟开春时最早从地里冒出的羊角葱一样嫩!"

"我相信!"天灶说,"我年纪大时肯定还不如奶奶呢,我不得腰弯得头都快着地,满脸长着癣?"

奶奶先是笑了两声,后来大约意识到孙子为

137　不依不饶(ráo):形容不让步,一直纠缠个没完。
138　斩钉截铁(zhǎndīng-jiétiě):比喻说话做事干脆利索,毫不犹豫。
139　和颜悦色:神色和蔼喜悦。

自己规划的远景太黯淡[140]了，所以就说："癞是狗长的，人怎么能长癞呢？就是长癞，也是那些丧[141]良心的人才会长。你知道人总有老的时候就行了，不许胡咒自己。"

天灶说："嗳[142]——！"

> 奶奶的性格是什么样的？

奶奶又絮絮叨叨地询问灯笼刷得干不干净，该炒的黄豆泡上了没有。然后她用手抚了一下水缸盖，嫌那上面的油泥还呆在原处，便责备家里人的好吃懒做，哪有点过年的气氛。随之她又唠叨她青春时代的年如何过的，总之是既洁净又富贵。最后说得嘴干了，这才唉声叹气地回屋了。天灶听见奶奶在屋子里不断咳嗽着，便知她要睡觉了。她每晚临睡前总要清理一下肺脏[143]，透彻[144]地咳嗽一番，这才会平心静气地睡去。果然，咳嗽声一止息，奶奶屋子的灯光随之消失了。

---

140 黯（àn）淡：阴沉，昏暗，这里形容前途不光明。
141 丧（sàng）：失去。
142 嗳（ǎi）：同"哎"，叹词，表示答应。
143 肺脏（fèizàng）：人和高等动物的呼吸器官。人的肺在胸腔内，左右各一，和支气管相连。
144 透彻（tòuchè）：完全，深入，彻底。

天灶便长长地吁[145]了口气。

母亲历年洗澡都洗得很漫长，起码要一个钟头。说是要泡透了，才能把身上的灰全部搓掉。然而今年她只洗了半个小时就出来了。她见到天灶急切地问："你爸还没回来？"

"没。"天灶说。

"去了这么长时间，"母亲忧戚[146]地说，"十个澡盆都补好了。"

天灶提起脏水桶正打算把母亲用过的水倒掉，母亲说："你爸还没回来，我今年洗的时间又短，你就着妈妈的水洗吧。"

天灶坚决地说："不！"

母亲有些意外地看了眼天灶，然后说："那我就着水先洗两件衣裳，这么好的水倒掉可惜了。"

母亲就提着两件脏衣服去洗了。天灶听见衣服在洗衣板上被激烈地揉搓的声音，就像饿极了的猪吃食一样。天灶想，如果父亲不及时赶回家中，这两件衣服非要被洗碎不可。

> 天灶为什么"长长地吁了口气"？

> 妈妈为什么比往常洗得快？

> 为什么这两件衣服的命运和父亲及时回家有关？

145　吁（xū）：叹气，长长地出气。
146　忧戚：忧愁烦恼。

> 父亲为什么神色慌张？

> 母亲的话里有什么样的情绪？

　　然而这两件衣服并不红颜薄命，就在洗衣声变得有些凄厉[147]的时候，父亲一身寒气地推门而至了。他神色慌张，脸上印满黑灰，像是京剧中老生[148]的脸谱。

　　"该到我了吧？"他问天灶。

　　天灶"嗯"了一声。这时母亲手上沾满肥皂泡从里面出来，她看了一眼自己的男人，眼眉一挑，说："哟，修了这么长时间，还修了一脸的灰，那漏儿堵上了吧？"

　　"堵上了。"父亲张口结舌[149]地说。

　　"堵得好？"母亲从牙缝中迸[150]出三个字。

　　"好。"父亲茫然[151]答道。

　　母亲"哼"了一声，父亲便连忙红着脸补充说："是澡盆的漏儿堵得好。"

　　"她没赏[152]你一盆水洗洗脸？"母亲依然冷

147　凄厉（qīlì）：形容声音又尖又高，听起来让人害怕。
148　老生：京剧里的老年男性，角色脸谱的颜色重一些，而且要带长胡须。
149　张口结舌（zhāngkǒu-jiéshé）：嘴张着，舌头却像打结的样子。形容人说不出话来。
150　迸（bèng）：带着很大的力量突然出来。
151　茫然：完全不清楚、不知道的样子。
152　赏（shǎng）：地位高的人或长辈给地位低的人或晚辈财物。~金 | ~赐 | 奖~ | ~罚分明。

冷嘲热讽[153]着。

父亲用手抹了一下脸，岂料手上的黑灰比脸上的还多，这一抹使脸更加花哨[154]了。他十分委屈地说："我只帮她干活，没喝她一口水，没抽她一棵烟，连脸都没敢在她家洗。"

从父亲的态度可以看出什么？

"哟，够顾家的。"母亲说，"你这一脸的灰怎么弄的？钻她家的炕洞了吧？"

父亲就像一个做错了事的孩子似地仍然站在原处，他毕恭毕敬的，好像面对的不是妻子，而是长辈。他说："我一进她家，就被烟呛[155]得直淌眼泪。她也够可怜的了，都三年了没打过火墙。火是得天天烧，你想那灰还不全挂在烟洞里？一烧火炉子就往出燎烟，什么人受得了？难怪她天天黑着眼圈。我帮她补好澡盆，想着她一个寡妇这么过年太可怜，就帮她掏了掏火墙。"

父亲为什么在寡妇家待了这么长时间？

"火墙热着你就敢掏？"母亲不信地问。

"所以说只打了三块砖，只掏一点灰，烟道

153　冷嘲热讽（lěngcháo-rèfěng）：尖刻的嘲笑，辛辣的讽刺。
154　花哨（huāshao）：颜色鲜艳多彩。
155　呛（qiàng）：有刺激性的气味使鼻、喉等器官感到不舒服。

就畅了。先让她将就过个年,等开春时再帮她彻底掏一回。"父亲傻里傻气地如实相告。

"她可真有福。"母亲故作笑容说,"不花钱就能请小工。"

母亲说完就唤[156]天灶把水倒了,她的衣裳洗完了。天灶便提着脏水桶,绕过仍然惶惶不安[157]的父亲去倒脏水。等他回来时,父亲已经把脸上的黑灰洗掉了。脸盆里的水仿佛被乌贼鱼[158]给搅扰了个尽兴,一派墨色。母亲觑[159]了一眼,说:"这水让天灶带到学校刷黑板吧。"

父亲说:"看你,别这么说不行么?我不过是帮她干了点活。"

"我又没说你不能帮她干活。"母亲显然是醋意大发[160]了,"你就是住过去我也没意见。"

父亲不再说什么,因为说什么也无济于事[161]

156　唤(huàn):叫,让。
157　惶(huáng)惶不安:由恐慌而引起的不安状态。
158　乌贼(zéi)鱼:一种海洋软体动物,体内有墨囊,用以放出黑色液体掩护逃跑。
159　觑(qū):把眼皮合成一条缝,注意地看。
160　醋意大发:忌妒的心情无法抑制。
161　无济于事(wújìyúshì):对解决问题毫无帮助。

了。天灶连忙为他准备洗澡水。天灶想父亲一旦进屋洗澡了，母亲的牢骚[162]就会止息，父亲的尴尬[163]才能解除。果然，当一盆温热而清爽的洗澡水摆在天灶的屋子里，母亲提着两件洗好的衣裳抽身而出。父亲在关上门的一瞬小声问自己女人："一会儿帮我搓搓背吧？"

"自己凑合[164]着搓吧。"母亲仍然怨气冲天地说。

天灶不由暗自笑了，他想父亲真是可怜，不过帮蛇寡妇多干了一样活，回来就一副低眉顺眼[165]的样子。往年母亲都要在父亲洗澡时进去一刻，帮他搓搓背，看来今年这个享受要像艳阳天一样离父亲而去了。

天灶把锅里的水再次添满，然后又饶有兴致[166]地往灶炕里添柴。这时母亲走过来问他："还烧水做什么？"

162　牢骚（láosāo）：抱怨。
163　尴尬（gāngà）：处于两难的境地无法摆脱。
164　凑合（còuhe）：将就，勉强。
165　低眉顺眼：形容驯服、顺从的样子。
166　饶（ráo）有兴致：非常有兴趣的样子。

"给我自己用。"

"你不用你爸爸的水?"

"我要用清水。"天灶强调说。

母亲没再说什么,她进了天云的屋子了。天灶没有听见天云的声音,以往母亲一进她的屋子,她就像盛夏水边的青蛙一样叫个不休。天云屋子的灯突然被关掉了,天灶正诧异着,母亲出来了,她说:"天云真是的,手中拿着头绫子就睡着了。被子只盖在腿上,肚脐[167]都露着,要是夜里着凉拉肚子怎么办?灯也忘了闭,要过年把她给兴过头了,兴得都乏了。"

> 天云为什么睡着了?

天灶笑了,他拨了拨柴禾,再次重温金色的火星飞舞的辉煌情景。在他看来,灶炕就是一个永无白昼[168]的夜空,而火星则是满天的繁星。这个星空带给人的永远是温暖的感觉。

锅里的水开始热情洋溢地唱歌了。柴禾也烧得毕剥有声。母亲回到她与天灶父亲所住的屋子,她在叠前日洗好晾干的衣服。然而她显得心神

---

167 肚脐(dùqí):肚子中间脐带脱落的地方。
168 白昼(zhòu):白天。

第十课　清水洗尘

不定[169]，每隔几分钟就要从屋门探出头来问天灶："什么响？"

> 母亲为什么心神不定？

"没什么响。"天灶说。

"可我听见动静了。"母亲说，"不是你爸爸在叫我吧？"

"不是。"天灶如实[170]说。

母亲便有些泄气[171]地收回头。然而没过多久她又伸出头问："什么响？"而且手里提着她上次探头时叠着的衣裳。

天灶明白母亲的心思了，他说："是爸爸在叫你。"

"他叫我？"母亲的眼睛亮了一下，继而又摇了一下头说，"我才不去呢。"

"他一个人没法搓背。"天灶知道母亲等待他的鼓励，"到时他会一天就把新背心穿脏了。"

母亲嘟囔了一句"真是前世欠他的"，然后甜蜜地叹口气，丢下衣服进了"浴室"。天灶先

> 天灶的父母和好了吗？

169　心神不定：因心里有事而显得精神状态不安定。
170　如实：照实际情况。
171　泄（xiè）气：灰心、失望。

是听见母亲的一阵埋怨声,接着便是由冷转暖的嗔怪[172],最后则是低低的软语了。后来软语也消去,只有清脆的撩水声传来,这种声音非常动听,使天灶的内心有一种发痒的感觉,他就势把一块木板垫在屁股底下,抱着头打起盹来。他在要进入梦乡的时候听见自己的清水在锅里引吭高歌[173],而他的脑海中则浮现着粉红色的云霓[174]。天灶不知不觉睡着了。他在梦中看见了一条金光灿灿的龙,它在银河畔[175]洗浴。这条龙很调皮,它常常用尾去拍银河的水,溅起一阵灿烂的水花。后来这龙大约把尾拍在了天灶的头上,他觉得头疼,当他睁开眼睛时,发觉自己磕在了灶台上。锅里的水早已沸了,水蒸气袅袅[176]弥漫着。父母还没有出来,天灶不明白搓个背怎么会花这么长时间。他刚要起身去催促一下,突然发现一股极细的水流悄无声息地朝他蛇形游来。他寻着它逆

---

172 嗔怪(chēnguài):责怪,表示不满。
173 引吭高歌(yǐnháng-gāogē):放开喉咙高声歌唱。
174 云霓(ní):有彩虹或彩霞的天空。
175 畔(pàn):边。河~|湖~|桥~|耳~|枕~。
176 袅袅(niǎoniǎo):形容烟气一圈一圈地上升的样子。

流而上，发现它的源头在"浴室"。有一种温柔的呢喃声细雨一样隐约传来。父母一定是同在澡盆中，才会使水膨胀而外溢。水依然汩汩[177]顺着门缝宁静地流着，天灶听见了搅水的声音，同时也听到了铁质澡盆被碰撞后间或[178]发出的震颤声，天灶便红了脸，连忙穿上棉袄推开门到户外去望天。

夜深深的了。头顶的星星离他仿佛越来越远了。天灶大口大口地呼吸着寒冷的空气，因为他怕体内不断升腾的热气会把他烧焦。他很想哼一首儿歌，可他一首歌词也回忆不起来，又没有天云那样的禀赋[179]可以随意编词。天灶便哼儿歌的旋律，一边哼一边在院子中旋转着，寂静的夜使旋律变得格外动人，真仿佛是天籁[180]之音环绕着他。天灶突然间被自己感动了，他从来没有体会过自己的声音是如此美妙。他为此几乎要落泪了。

---

177 汩汩（gǔgǔ）：形容水或其他液体慢慢不断流动的声音。
178 间或（jiànhuò）：有时，不时，偶尔。
179 禀赋（bǐngfù）：天赋。
180 天籁（tiānlài）：自然界的声音，多用来指天然美好的声音。

这时屋门"吱扭"一声响了，跟着响起的是母亲喜悦的声音："天灶，该你洗了！"

天灶发现父母面色红润，他们的眼神既幸福又羞怯，好像猫刚刚偷吃了美食，有些愧对主人一样。他们不敢看天灶，只是很殷勤[181]地帮助天灶把脏水倒了，然后又清洗干净了澡盆，把清水一瓢瓢地倾倒在澡盆中。

天灶关上屋门，他脱光了衣裳之后，把灯关掉了。他蹑手蹑脚[182]地赤脚走到窗前，轻轻拉开窗帘，然后返身慢慢地进入澡盆。他先进入双足，热水使他激灵[183]了一下，但他很快适应了，他随之慢慢地屈腿坐下，感受着清水在他的胸腹间柔曼地滑过的温存滋味。天灶的头搭在澡盆上方，他能看见窗外的隆隆[184]夜色，能看见这夜色中经久不息的星星。他感觉那星星已经穿过茫茫黑暗飞进他的窗口，落入澡盆中，就像课文中所学过

181　殷勤（yīnqín）：特别地热情周到。
182　蹑（niè）手蹑脚：形容走路时脚步很轻。
183　激灵（jīling）：方言。因受刺激而不由自主地抖动。
184　隆隆（lónglóng）：一般形容大而沉闷的声音，这里指夜空浩大深沉。

的淡黄色的皂角[185]花一样散发着清香气息，预备着为他除去一年的风尘。天灶觉得这盆清水真是好极了，他从未有过的舒展和畅快[186]。他不再讨厌即将朝他走来的年了，他想除夕夜的时候，他一定要穿着崭新的衣裳，亲手点亮那对红灯笼。还有，再见到肖大伟的时候，他要告诉他，我天灶是用清水洗的澡，而且，星光还特意化成皂角花撒落在了我的那盆清水中了呢。

> 为什么天灶不再讨厌过年了？

赏析：

　　这是一篇讲述中国乡村生活的小说。对于中国人来说，过年意味着除旧迎新，不仅要扫去家中的尘土，也要洗一个彻底的澡，从头到脚穿上新衣，才能迎接新的一年。"用一盆属于自己的清水洗尘"，这件在旁人眼中微不足道的小事，却成为压倒十三岁男孩天灶的一根"稻草"。男孩儿挣脱传统束缚的过程，也是他破蛹成蝶的成长过程。

　　这个故事围绕着一个传统而平凡的中国家庭春节前"洗尘"的主题，以一个正在成长的男孩子的视角展开，让我们看到了普通中国人家庭生活中的善良、幽默、亲情。故事里的每个家庭成员都有自己的个性，他们总是能在平淡小事中碰撞出小小的戏剧性，擦出令人莞尔的火花，照亮庸常的生活，令人感受到人生的暖意。

185　皂（zào）角：是一种树上结的果子，可以用来洗衣。
186　畅快：舒畅愉快。

练 习

一、判断对错

1. 礼镇的人在年关洗澡,是为了洗去一年的风尘,迎接新年。(　　)
2. 天灶不愿意妈妈帮他搓背,是因为自己长大了,不好意思。(　　)
3. 天灶不喜欢过年,是因为他得烧全家人洗澡的热水,太累了。(　　)
4. 能洗一盆属于自己的清水,是天灶一直以来的愿望。(　　)
5. 天灶的奶奶听力不好。(　　)
6. 在天灶家,洗澡一般是以年龄为顺序的。(　　)
7. 天云平时在家里称呼天灶,都是直呼其名。(　　)
8. 天灶全家人都不喜欢蛇寡妇。(　　)
9. 天灶的父亲帮助蛇寡妇是因为同情她。(　　)
10. 父亲走后,母亲心不在焉,是因为担心父亲被蛇寡妇勾引走了。(　　)
11. 由于父亲不顾母亲的意见去帮助蛇寡妇,母亲一直都很生父亲的气,最后也没有原谅他。(　　)
12. 天灶最后不再讨厌过年了,因为他实现了自己最初的愿望。(　　)

二、把每组中意思相近的两个词语圈出来

1. 唠叨　搭腔　絮叨
2. 恹恹　气息奄奄　木讷
3. 挑衅　惹　训
4. 嘟囔　啰唆　自言自语
5. 应付　嗔怪　凑合
6. 揍　闩　殴

7. 昏昏欲睡　打盹　心神不定

8. 战战兢兢　冷嘲热讽　噤若寒蝉

9. 袅袅　汩汩　款款

10. 破涕为笑　和颜悦色　喜气洋洋

11. 至高无上　恰到好处　正好

12. 振振有词　见缝插针　理直气壮

13. 不折不扣　故作大度　斩钉截铁

14. 赏　赐　唤

三、在小说中找出 5 个比喻修辞的句子，摘抄在下面

四、在小说中找出 20 个成语，造句

1. _____
2. _____
3. _____
4. _____
5. _____
6. _____
7. _____
8. _____

9. _____
10. _____
11. _____
12. _____
13. _____
14. _____
15. _____
16. _____
17. _____
18. _____
19. _____
20. _____

五、解释课文中画 ～～ 的部分

六、思考与讨论

1. 说一说小说中哪些地方是中国特有的文化因素？哪些是全世界人们都可能有的东西？
2. 小说选择用天灶的眼睛来观察世界和讲述故事，这样有什么好处？
3. 小说中的人物各有什么性格特点？
4. "清水洗尘"有怎样的象征意义？
5. 小说的潜在推动力是什么？
6. 小说在语言上有什么特点？

七、课堂活动：五个人一组，每个人扮演小说中的一个角色，分段表演人物的对话